Hamburgs Fleete

Lebensadern einer Stadt im Wandel

in alten und neuen Bildern

*fotografiert von Horst Krug
mit Texten von Horst Krug und Jan Schröter*

Medien-Verlag Schubert

Titel: St. Nikolai (links), die Kirche der ersten Neustadt, und St. Michaelis, Hauptkirche der zweiten Neustadt, gesehen von Ost nach West durch das Gröningerstraßenfleet. Hinter der in der Bildmitte sichtbaren Zollenbrücke mündete das Gröningerstraßenfleet im Nikolaifleet.

Rückseite: Ost-West-Tangente, das ist das Straßenschicksal des 1946 zugeschütteten Gröningerstraßenfleets. Das sich östlich der Brandstwiete anschließende Hüxterfleet ereilte dasselbe Geschick.

ISBN 3-929229-10-2

Copyright © 1993 by Medien-Verlag Schubert, Hamburg.

Alle Rechte, auch des auszugsweisen Nachdrucks und der fotomechanischen Wiedergabe, vorbehalten.
Satz und Layout: Medien-Verlag Schubert
Lithographie: Bernd Zieneke
Druck: Gustav A. Schmidt
Printed in Germany

Inhaltsverzeichnis

Die Entwicklung der Fleete 5
    Der erste Hafen 6
    Bischöfe und Barbaren 8
    Die neue Stadt 12
    Das 13. Jahrhundert: Fleete für die Stadt 20
    Wälle, Schlagbäume und neue Inseln 23
    Die hohe Zeit der Fleete 36
    Die Katastrophe 43
    Die letzte Blüte 46

Von Speichern und Schuten: Handel und Wandel an den Fleeten 51
    Die Kaufmannshäuser 52
    Die Schuten 60
    „Fiene", „Grotsnuten" und „Lüd von de Eck" 70

Vom Leben an den Fleeten 77

Quellenverzeichnis 86

Register 87

Die Entwicklung der Fleete

Hamburg von der Elbe bis zur Alster: Am unteren Bildrand sind Binnenhafen, Kehrwiederspitze und Sandtorhöft zu erkennen. In der Bildmitte liegen Baumwall und Steinhöft zwischen Alsterfleet und Herrengraben. Nach rechts markiert der Zollkanal den Verlauf der einstigen Stadtmauer.

Der erste Hafen

Hamburg und Hafen – diese Begriffe gehören zusammen. Sie sind fest verankert im Bewußtsein der Hamburger und ihrer Gäste.

Das zugkräftige Image vom „Tor zur Welt" verdankt Hamburg allein der Existenz des Hafens. Grund genug also, um seit einigen Jahren den Hafengeburtstag als Volksfest mit Würstchenbuden und Schlepperballett zu zelebrieren.

Doch eine Geburtstagsfeier braucht ein festes Datum, und damit hatten die Initiatoren ein Problem. Fraglos ist der Hafenstandort Hamburg eine betagte Institution, aber das exakte Alter ist ungeklärt. Auf der Suche nach einem geeigneten Fixpunkt einigte man sich auf den 7. Mai 1189.

Dieses Datum trägt ein von Kaiser Friedrich I. (1122-1190) ausgestellter Freibrief, der den Hamburgern weitreichende Handels-, Zoll- und Schiffahrtsprivilegien auf der Niederelbe einräumte. Das Barbarossa-Dokument war bedeutend für Hamburgs wirtschaftlichen Aufstieg und damit für die Entwicklung des Hafens. Aber den eigentlichen Beginn kennzeichnet es nicht.

Als Keimzelle Hamburgs gilt der Domplatz südlich der St.-Petri-Kirche. Hier entstand zwischen 810 und 832 n.Chr. die Hammaburg, eine nordelbische Bastion der fränkischen Karolinger. Wie die 1949/57 von Reinhard Schindler geleiteten Ausgrabungen bewiesen, stellte die Hammaburg keine Neugründung dar, sondern war lediglich die Erweiterung einer bereits vorhandenen Siedlungsanlage aus dem 7. oder 8. Jahrhundert. Dicht am Wasser gelegen, aber dennoch durch den seichten Hang eines Geestrückens vor den Elbfluten geschützt, bot der Platz günstige Siedlungsbedingungen.

Eine nahegelegene Handelsstraße (im Verlauf etwa entsprechend des Zuges von Steinstraße – Speersort – Rathausstraße – Große Johannisstraße – Großer Burstah – Graskeller) überquerte im Bereich der heutigen Mühlenbrücke eine Alsterfurt. Bei Flut war die Furt stundenweise, während einer Sturmflut oft tagelang unpassierbar. Diejenigen Kaufleute, die nicht weiterreisen wollten, benötigten Unterkunft und Verpflegung, eine Nachfrage, die zur Entwicklung der Infrastruktur beitrug.

Ein Wall und ein Wassergraben sicherten die Hammaburg. Einiges spricht für die gleichzeitige Erstellung von Burg und Wassergraben.

Die Anlage eines Walls erfordert große Mengen Erdreich, deren Transport über längere Strecken den Erbauern erhebliche Probleme bereitet hätte. Es lag nahe, das benötigte Material aus dem Aushub eines künstlich zu erstellenden Wassergrabens zu gewinnen.

Ein Graben trug zur Sicherheit der Wehranlage bei. Ein sogar schiffbarer künstlicher Wasserlauf mit einer künstlichen Anlegestelle erhöhte zudem noch die Handelsattraktivität des Ortes.

Von der Alster kommend zog sich der Graben unterhalb der südlichen Burgfront nach Osten, schwenkte kurz vor dem heutigen Straßenzug Kattrepel südwärts und nach etwa 100 Metern gen Westen, um im Bereich der Zollenbrücke wieder in die Alster zu münden.

Die Abzweigung des Grabens von der Alster wählte man mit Bedacht inmitten einer weiten Flußbiegung, deren Strömungsverlauf die Fluten an das linke Ufer drückte. Ein trichterförmiger Einlaß sorgte, unabhängig vom jeweiligen Tidestand der Elbe, für einen ausreichenden Wasserpegel. Das derart in den Kanal gespülte Wasser sorgte überdies für kontinuierliche Strömung und wirkte der Verschlammung entgegen.

Durch den Grabeneinstich wurde das ursprüngliche Alsterufer an dieser Stelle noch weiter zurückversetzt. Da nun die Alster an der Einlaßstelle sehr viel breiter war als das natürliche Flußbett, entstand eine Landzunge, deren Bezeichnung noch heute im Straßennamen „Neß" enthalten ist.

Die geringe Breite des Grabens läßt zwingend vermuten, daß der Verkehr darauf nach dem Einbahnstraßenprinzip erfolgt sein muß.

Trotzdem gab es bereits hier einen Hafen. Südwestlich der Hammaburg, etwa dort, wo heute die Große Reichenstraße in die Domstraße mündet,

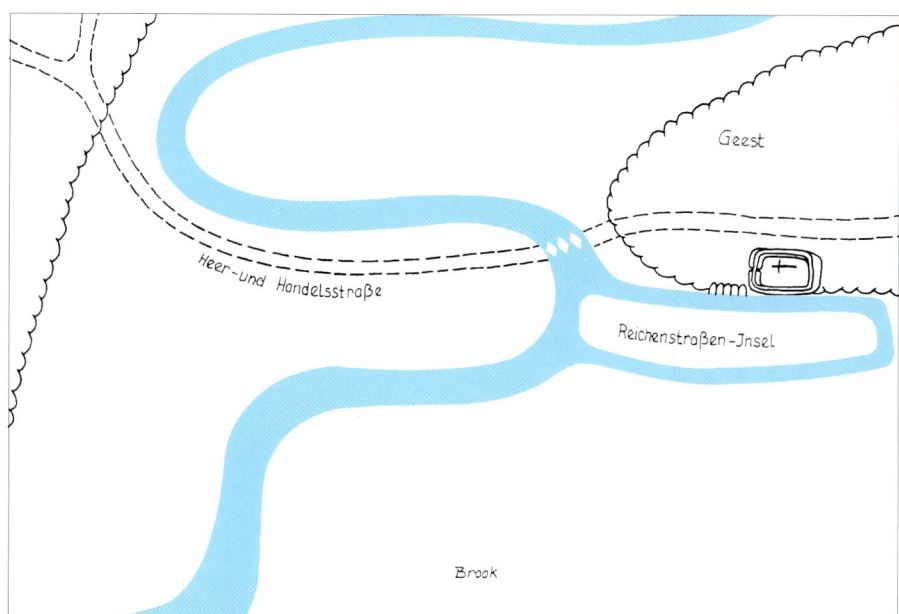

Um 845: Der Grabenring mit dem ersten Anleger unterhalb der Hammaburg. Eine schlichte Kaimauer aus Bohlen und Flechtwerk begründete die Tradition der Hafenstadt Hamburg.

Das Reichenstraßenfleet entstand aus einem Abschnitt des Hamburger „Ur-Fleets", des ersten, um 820 angelegten Grabenrings. Die Blickrichtung führt zum Alten Fischmarkt – vielleicht das Ziel des Mannes, der eben gebeugt seine hochrädrige „Schottsche Karre" über die Kattrepelsbrücke schiebt.

befand sich eine Kaianlage – ausgestattet mit einer Bohlenwand aus Buchenstämmen und Flechtwerk und zusätzlich versehen mit einer Freitreppe zum bequemeren be- und entladen der dort liegenden Boote.

Die Anlage dieses ersten Hamburger Fleets bedeutete neben Handelserleichterung und militärischer Schutzfunktion auch einen Schritt zur Siedlungserweiterung.

Die Grabung bewirkte die Entstehung der Reichenstraßeninsel. Nach ihrer Eindeichung noch während der Existenz der Hammaburg besiedelten Kaufleute die Insel, die hier unmittelbar am schiffbaren Wasser die Vorteile wahrnahmen, die sich im direkten Umschlag der Handelswaren ergaben.

Die Brücke und ein Teil des Fleets verschwanden 1901. Das 1881 am Ende des Fleets erbaute Wohnhaus hat den Wandel vom Schuten- zum Autoverkehr überdauert. Nur die Dachkonstruktion wurde verändert.

links: Im Hopfensackfleet wird eine Schutenladung gelöscht. Im Vordergrund „wriggt" ein Ewerführer seinen Lastkahn mittels des Heckruders durch das Brauerstraßenfleet.

rechts: Die Reichenstraßenbrücke ist verschwunden, der Asphaltstrom der Ost-West-Straße ersetzte das Brauerstraßenfleet. Immerhin ist ein Speicher noch vorhanden. Selbst der Neubau an der vorderen rechten Ecke des einstigen Hopfensackfleets erinnert in seiner schmalen, effektiven Architektur an die Speicherhäuser früherer Zeiten.

Bischöfe und Barbaren

Ludwig der Fromme (778–840) ließ den Mönch Ansgar zum Bischof weihen und begründete in der Hammaburg ein Bistum. Das damit verbundene Recht, Markt zu halten und Münzen zu schlagen, bedeutete für die Stadtentwicklung weiteren Anschub. Ansiedlungen entstanden auf der erwähnten Reichenstraßeninsel, in der Gegend der Dom- und Pelzerstraße sowie an den Brodschrangen. Die Anzahl der ständigen Bewohner bewegte sich um etwa 100 Menschen, was zu jenen Zeiten die Population eines Dorfes bei weitem überstieg.

Bald jedoch stoppten die Wikinger die aufkeimende wirtschaftliche Blüte. Im Sommer 845 drangen ihre Drachenboote von der Alster her in das Fleet unterhalb der Burg. Ihr Zerstörungswerk bedeutete das Ende der Hammaburg, die man auch nach dem Abzug der Wikinger nicht wieder aufbaute. Bischof Ansgar floh nach Bremen, und mit ihm wechselten die Bistumsrechte in die Stadt an der Weser.

Nach den Wikingern kamen die Slawen, Überfälle und Vernichtung des gerade erst wieder Aufgebauten setzten sich fort. Hamburgs Entwicklung stagnierte fast zwei Jahrhunderte lang.

Erst Erzbischof Adalbert (etwa 1000–1072) erhob den Ort erneut zur Residenz. Sein Streben nach einem nordischen Patriarchat stieß auf den Widerwillen der weltlichen Landesherren.

Mit dem Bau einer Burg in der Alstermarsch (etwa im Bereich der Rathaushof – Toreinfahrt an der Großen Johannisstraße) setzten die sächsischen Billunger-Herzöge 1035 dem Erzbischof ein Symbol ihrer Macht entgegen.

Das Dovenfleet zwischen Alter Wandrahm (links) und der Straße Dovenfleet. Im Hintergrund überspannt die Kornhausbrücke das Fleet, noch überragt vom Turm der St.-Katharinen-Kirche.

Die aktuelle Perspektive eröffnet den Blick auf drei Hamburger Hauptkirchen: St. Katharinen, St. Nikolai und St. Michaelis. Die alte Bausubstanz an der rechten Uferseite wurde bereits während der Errichtung des Freihafens 1883/84 abgerissen.

Das Westufer des ohnehin schmalen Lembkentwietenfleets war mit weit über den Wasserlauf ragenden Fachwerkhäusern bebaut. Im Fleetgrund verankerte Stützbalken sicherten die Statik der Fassaden.

Der Zuzug weiterer Bewohner machte um 1110 eine Vergrößerung des Siedlungsgebietes notwendig. Ein neuer Ringgraben diente zur Entwässerung der tiefgelegenen Alsterwiesen. Aus dem Verlauf des Grabens ist später das Lembkentwieten-, Doven- und Steckelhörnfleet entstanden.

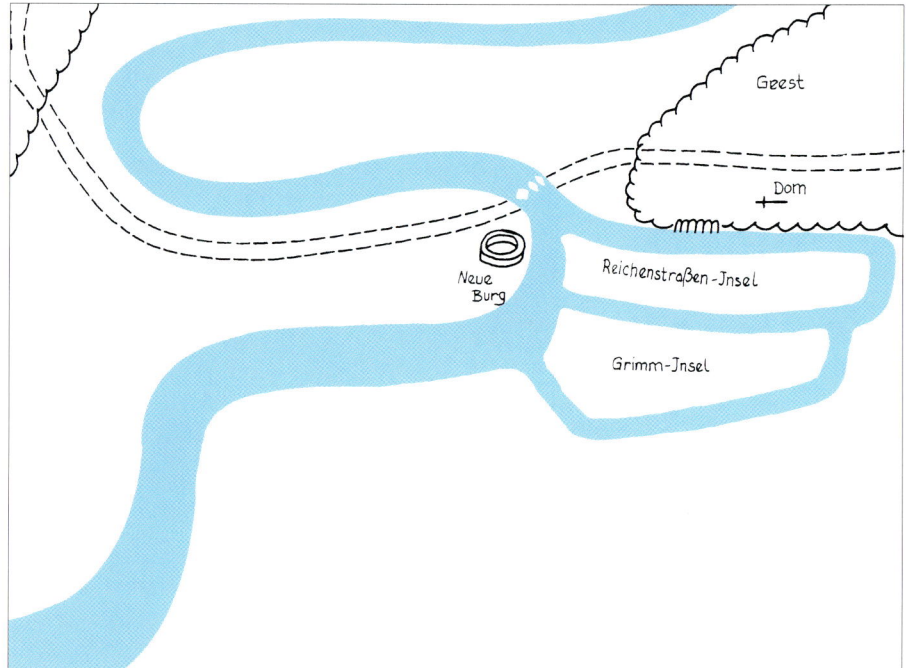

Heute ist die Szenerie völlig verändert: Das Fleet verlief zwischen den Straßenzügen Dovenfleet (vorn) und der Ost-West-Straße, die hinter dem Gebäudekomplex verborgen entlangführt.

Bereits 26 Jahre später gab man den Standort zugunsten eines Neubaus auf. Die „Neue Burg" erhob sich am rechten Alsterufer, dort, wo heute der Ruinenturm von St. Nikolai an die Vergänglichkeit der Dinge gemahnt. Die der Hammaburg ähnliche Wehranlage schützte ein Ringwall von etwa 100 Metern Durchmesser effektiv genug, um sowohl 1066 als auch 1072 weitere Slawenüberfälle erfolgreich zu überstehen. Wasserbauliche Maßnahmen bewirkten diese militärischen Anlagen nicht. Zwar lagen sie auf dem vom Elbhochwasser stets bedrohten Brookgebiet, doch Entwässerungsgräben, aus denen in der Folgezeit Fleete hätten entstehen können, legten die Erbauer nicht an. Es ging den Herren vornehmlich um Machtpräsenz, weniger um Stadtentwicklung.

Das änderte sich, als 1110/11 Adolf I. von Schauenburg Lehnsherr von Stormarn und Holstein wurde. Zu seinem Lehen gehörte der herzogliche Besitz bei Hamburg, also auch die „Neue Burg". Die Gründung und Erweiterung von Städten galt als Maxime Schauenburgischer Politik. Graf Adolf I. bemühte sich daher um die Anwerbung von Neusiedlern und stieß mit seinem Anliegen besonders im friesisch-niederländischen Raum auf Interessenten. Die Neuankömmlinge brachten aus ihrer alten Heimat Erfahrung und Wissen im Deich- und Kanalbau mit, das sich in den Niederungen der Alster- und Elbmarsch vorteilhaft anwenden ließ.

Freier Siedlungsraum stand ihnen rund um das alte Kerngebiet genügend zur Verfügung. Die Reichenstraßeninsel wurde dichter bebaut, ebenso die Gegend in der Nähe der Alsterfurt. Eine Erstbesiedlung erfolgte auf dem Geestrücken entlang der alten Handelsstraße und um den „Berg", wo heute die Petrikirche steht.

Das Brookgelände hinter der Reichenstraßeninsel richtete man mittels eines ringförmigen Entwässerungsgrabens als Viehweideland her. Aus dieser Grabung entstanden später die Läufe des Lembkentwieten- und Steckelhörnfleets, das mit seiner Anbindung an die Alster für eine Strömung innerhalb des Systems sorgte. Das Verbindungsstück zwischen beiden Gräben bildete der einstige Teil des Dovenfleets, der heute zwischen St. Katharinen und IBM-Hochhaus als Zollkanal verläuft.

Das nächste potentielle Besiedlungsgebiet zeichnete sich durch die Anlage der Viehweide bereits ab: die Grimminsel.

oben: Mit der Verschüttung des Brauerstraßenfleets wurde auch die Brandstwietenbrücke überflüssig. Heute trennt die Ost-West-Straße einzelne Stadtteile weitaus rigoroser voneinander, als es ein Fleetgraben je vermocht hätte.

rechte Seite: Die Fleete säumten nicht nur Speicher, sondern auch zahlreiche Wohnhäuser. Am Brauerstraßenfleet lagerte der Hopfen für das begehrte Hamburger Bier. Viele Brauereigesellen wohnten hier vor Ort, unweit ihrer Arbeitsplätze.

Die neue Stadt

Die Regentschaft Adolfs III. (1164-1203) brachte neue Entwicklungen: Ein Konsortium von Kaufleuten, vertreten durch ihren Obmann Wirad von Boizenburg, erbat und erhielt 1188 vom Lehnsherr Ansiedlungsrecht in der Nähe Hamburgs. Die Gruppe bekam das Gelände der „Neuen Burg" zur Gründung einer Neustadt zugewiesen.

Der Ringwall wurde parzelliert. In der Mitte entstand auf dem Marktplatz eine kleine Kapelle, folgerichtig geweiht dem St. Nikolaus, dem Schutzpatron der Schiffer und Kaufleute – eine frühe Vorläuferin der späteren Hauptkirche St. Nikolai.

Um den Handel in der jungen Niederlassung zu fördern, gestattete der Schauenburger Graf den hiesigen Kaufleuten weitreichende Privilegien. Weitere Vergünstigungen, die zu gewähren nicht in seiner Befugnis lag, erbat Adolf III. vom Kaiser Friedrich Barbarossa, der sie vermutlich in dem berühmten und umstrittenen (weil nicht im Original überlieferten) Freibrief vom 7. Mai 1189 erteilte. Egal, ob es sich bei dem Freibrief um eine legale Ermächtigung oder um eine gelungene Fälschung handelt – die Hamburger beanspruchten fortan erfolgreich die freie Schiffahrt auf der Elbe, Fischereirechte zwei Meilen elbauf- und abwärts der Alstermündung und Befreiung von der Heeresfolge.

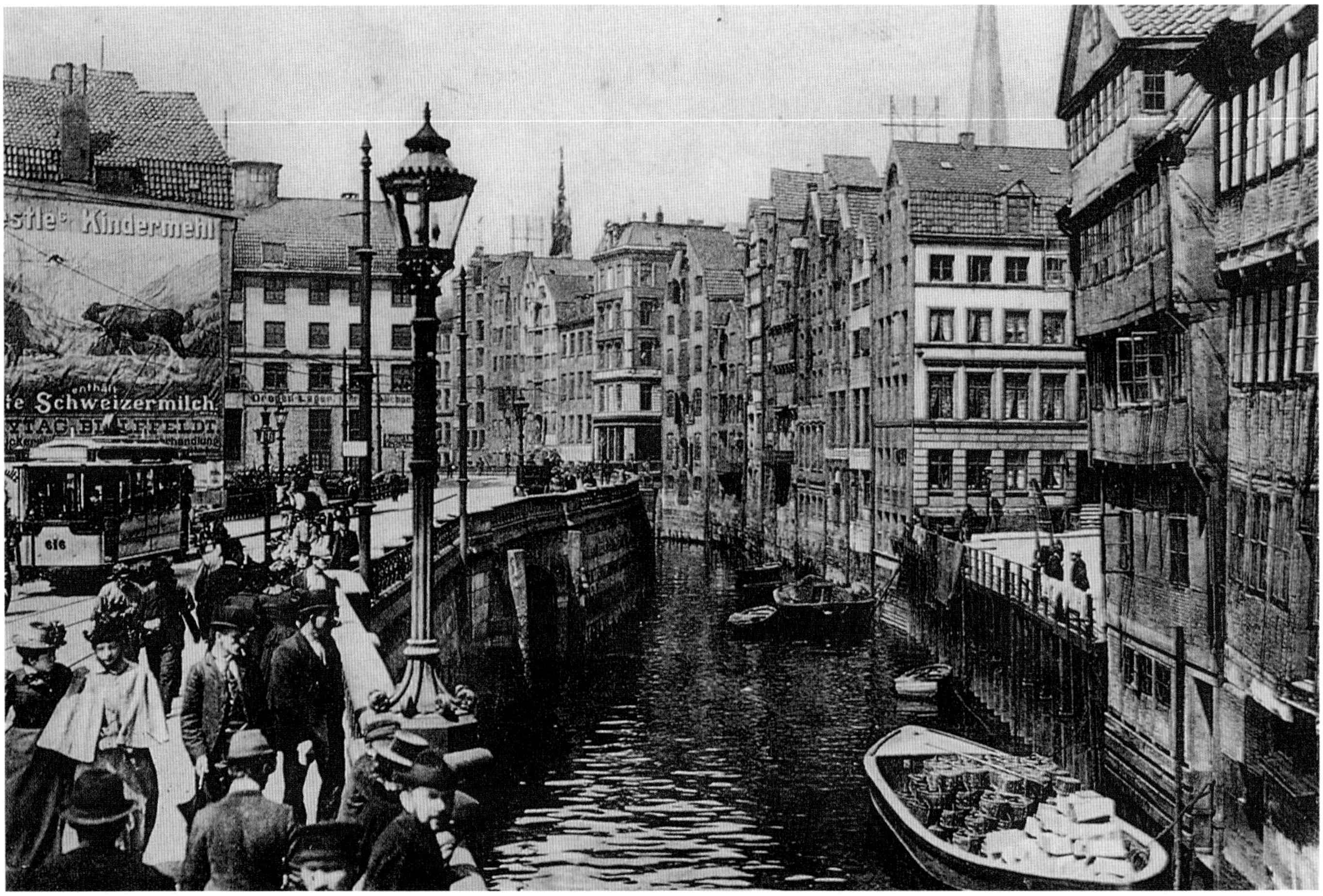
Kindermehl
Schweizermilch
616

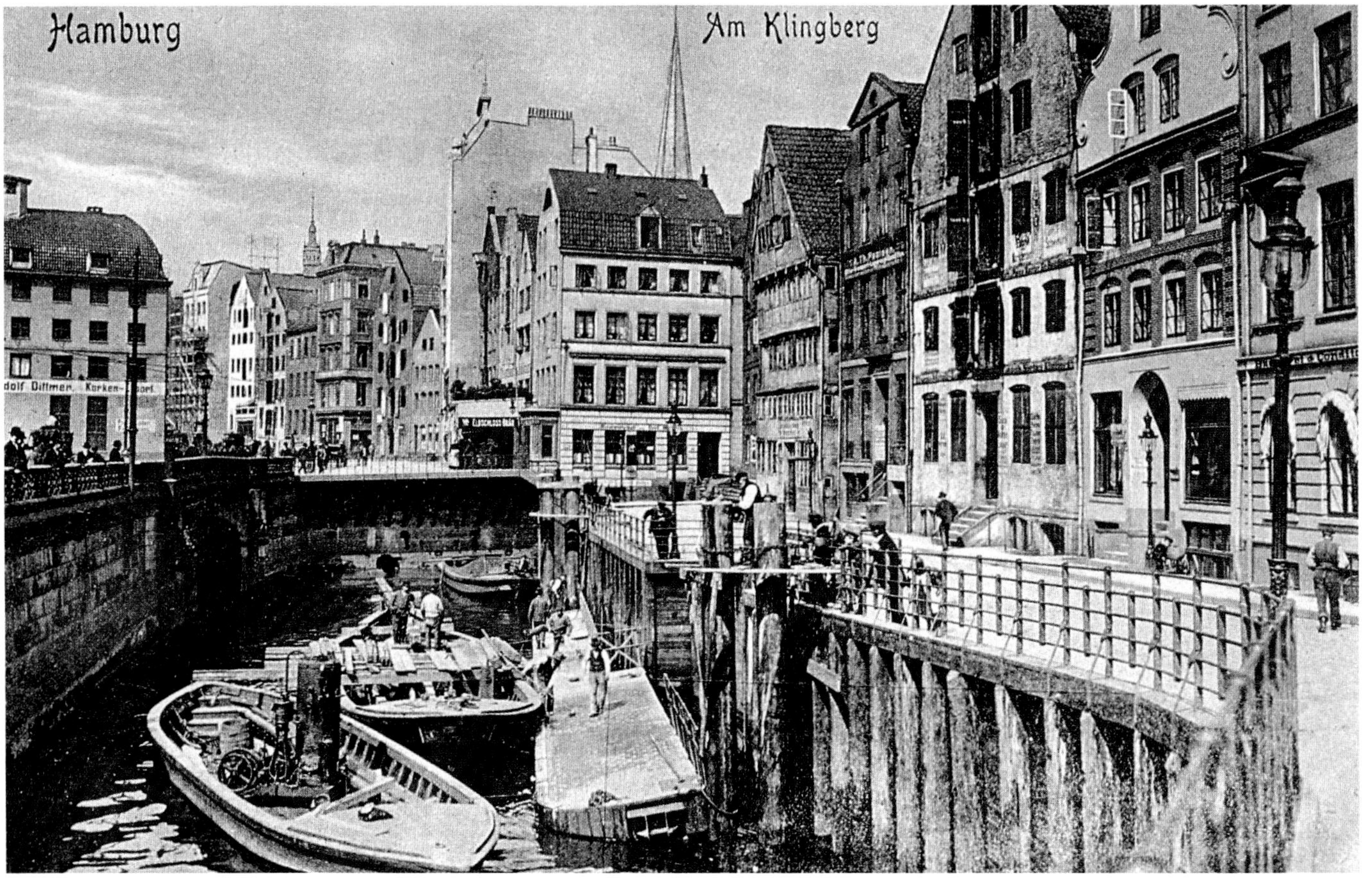
Hamburg
Am Klingberg

Die Muße vergangener Tage ist dahin. Wer weiß heute noch von der ehemaligen Existenz des Klingbergfleets?

links oben: Das Klingbergfleet in einer Aufnahme von 1898. Die elektrische Straßenbahn kündet vom Beginn einer neuen Zeit. Doch die Reklamekühe waren noch nicht lila, und man hatte offensichtlich Muße genug, das Treiben auf dem Fleet zu begutachten.

links unten: Diese zweite Ansicht des Klingbergfleets nach der Jahrhundertwende zeigt die gleiche Perspektive. Allerdings ist auf dieser Aufnahme ein am Ufer verankerter Schwimmponton zu erkennen, der das Ausladen der Schuten erleichtert.

rechte Seite: Das um 1110 als Entwässerungsgraben entstandene Steckelhörnfleet trennt die Cremon- von der Grimminsel. Hinter der Katharinenbrücke ragt der Turm von St. Nikolai auf. „Hörn" bezeichnet im Niederdeutschen eine Ecke oder einen Winkel, „Steckel" steht für Diestel. Fast die letzte Verbindung zwischen historischer und aktueller Ansicht (*oben*): Weder im Wasser noch auf Beton wachsen Diesteln.

Die alten Hafenanlagen aus der Zeit der Hammaburg erwiesen sich dieser Entwicklung nicht mehr gewachsen. Längst spannten am unteren Ende der Kaimauer zwei Brücken über den Fleetlauf, die das Kerngebiet mit der Reichenstraßeninsel verbanden. Dieses Hindernis ließ sich mit den mittlerweile größer dimensionierten Lastkähnen nicht durchfahren, die also auch die im Fleet vorhandene Strömung auf dem Weg zurück zum Fluß nicht mehr nutzen konnten. Die Boote mußten nach dem Entladen unter erheblichem Kraftaufwand gegen die Strömung bis zum Alsterlauf getreidelt (gezogen) werden – eine auf Dauer mühsame und deshalb unzureichende Lösung.

Als neuen Umschlagplatz wählte man das rechte Alsterufer zwischen der Holz- und der Trostbrücke. Diese Lage des nunmehr zweiten Hamburger Hafens gereichte den Kaufleuten der Neustadt zum Vorteil, die hier ihre Speicher hatten.

Der neue Hafen blieb nicht die einzige Veränderung an Hamburgs Wasserwegen, die durch die Gründung der Neustadt nötig wurden. Aufgrund des gestiegenen Lebensmittelbedarfs errichtete man an der Alsterfurt eine Kornmühle. Der davorliegende Flußlauf staute sich zum Mühlensee. Um das Siedlungsgebiet vor den steigenden Wassermassen des Sees zu schützen, verlegte man den Verlauf der Handelsstraße neben dem Alsterufer auf die Krone eines Schutzdeiches, der sich bis in die Gegend des Graskellers zog. Zur anderen Seite der Kornmühle führte man die Straßenverbindung über den Bereich der Großen Johannisstraße bis zum Geesthang an der Rathausstraße als erhöhten Bohlenweg. Bis ins 19. Jahrhundert hinein ist diese Strecke noch als „Langestraßenbrücke" bezeichnet worden.

Um eine Überschwemmung des Wohngebiets durch das Mühlenseewasser auch nach extremen Regenperioden

Da die unmittelbare Uferlinie des Rödingsmarktfleets unbebaut war, galt der nach der Zuschüttung des Fleets 1886 entstandene Straßenzug jahrelang als breiteste Straße der Stadt. Auch heute noch wirkt die Straße kurios, was vor allem der hier auf Stelzen verlaufenen U-Bahn-Linie zu verdanken ist.

Die schmale Sackgasse des Steintwietenhofs markiert den einstigen Verlauf des Deichstraßenfleets, das nach dem Zweiten Weltkrieg mit Trümmern zugeschüttet wurde.

Rödingsmarkt. 1878.
Strumper & Co. Hamburg.

Ebbe im Rödingsmarktfleet. Alles scheint zu ruhen, die Kräne und Transportkarren haben Pause, ebenso die beiden Ewerführer, die mit ihrem Kahn buchstäblich auf dem Trockenen sitzen.

Das um 1195 als Überlaufgraben erstellte Deichstraßenfleet, von den Kajen aus gesehen. Über das Fleet führt im Hintergrund die Steintwietenbrücke, die bereits 1288 urkundlich Erwähnung findet. Abgebildet ist der nach dem Großen Brand von 1842 neu errichtete Brückenbau.

Wegen der Verbreiterung der Straße Klingberg wurden die Häuser hinter der Winserbrücke bereits 1901 abgerissen. Die neue Bebauung von damals ist heute selbst schon betagt: Rechts Fritz Högers Chilehaus (gebaut 1922/24) und die Polizeiwache am Klingberg Nr. 1, die 1908 als erstes modernes Gebäude im Sanierungsgebiet galt und von Beginn an eine Polizeistation beherbergte.

oder Schneeschmelze zu verhindern, wurden im westlichen Grenzbereich der Ansiedlung zwei parallel verlaufende Abflußgräben erstellt. Sie leiteten das Überlaufwasser bis zum Bereich des heutigen Binnenhafens und bildeten die Ursprungsläufe für das Deichstraßen- und das Rödingsmarktfleet.

Das 13. Jahrhundert: Fleete für die Stadt!

Die Zahl der Einwohner stieg, ebenso der Warenumschlag und das Schiffsaufkommen im Alsterhafen. Zu den Handelsschiffen für die große Fahrt und den Ewern aus dem Elbbereich gesellte sich ein neuer Bootstyp, der Vorläufer der Schute: lang-gestreckt und schmal, um auf engen Fleeten die Vorbeifahrt zweier Boote zu ermöglichen, und ohne Mastaufbauten, um die zunehmend höhere Zahl der Brücken zu durchfahren.

Schon 1245 reichte die Kapazität der ersten Mühle nicht mehr aus, um die Hamburger mit Getreideprodukten zu versorgen. Für die Anlage einer weiteren Mühle staute man die Alster einige hundert Meter oberhalb des ersten Wehres. In Anlehnung an den Namen des ersten vom Gemeinderat eingesetzten Pächters hieß der zunächst als „Herrendamm" bezeichnete Stau schon bald „Reesendamm". Dieser Damm sorgte für einen weiträumigen Aufstau der Alster, Vorläufer dessen, was die Hamburger Stadtansicht heute prägt: Binnen- und Außenalster.

Doch diese wahrlich einschneidende Baumaßnahme schuf akute Probleme. Zweimaliger Aufstau zum Mühlensee, Versorgung von Überlaufgräben und Fleeten – die zahlreichen Aufgaben überstiegen die Wasserkapazität der Alster. Die Strömungskraft des Flußes reichte zur Durchspülung der Fleete und des Hafens nicht mehr aus. Fahrrinnen und Uferzonen verschlickten. Das Ausbaggern bei Niedrigwasser konnte diese Tendenz nur verzögern.

Sollte die erlangte Bedeutung des Hafenstandorts nicht buchstäblich im Schlamm versinken, mußte umgehend Abhilfe geschaffen werden.

Die Bille brachte Rettung. Ein um 1258 gebauter Kanal leitete Billewasser in westlicher Richtung bis zum Meß-

Die 1878 von der Poggenmühle aus aufgenommene Ansicht zeigt die Einmündung des Klingbergfleets mit der Winserbrücke am östlichen Ende des Dovenfleets. Über der Wassertreppe das Bürgergefängnis.

berg. Um es in die alten Fleetläufe zu bekommen, verlängerte man das ursprünglich kurz vor dem Kattrepel endende Reichenstraßenfleet ostwärts und führte es im Bogen nach Süden zum Meßberg. „Klingbergfleet" hieß dieser neue Abschnitt, der durch das ebenfalls neu angelegte Brauerstraßenfleet mit dem Hüxter- und Gröningerstraßenfleet verbunden war.

Der rettende Kanal von der Bille zum Meßberg, aus dem später der Oberhafenkanal entstand, bot zudem den Vierländer Gemüsebauern einen geschützten Transportweg zu den Märkten Hamburgs. Außerdem füllte sein Wasser einen Schutzgraben, der in südwestlicher Richtung bis zum Alstertief verlief und fast die gesamte südliche Ortsflanke gegen Feinde absicherte. Aus dieser Grabung gingen Doven- und Mührenfleet hervor, die heute den Zollkanal bilden. Der neue Wasserlauf sorgte zudem für die Abtrennung eines Festlandstücks – der Cremon-Insel. Sie wurde eingedeicht, mit einem Entwässerungsgraben (Vorläufer des Matten- oder Katharinenstraßenfleets) versehen und zur Besiedlung freigegeben.

Einige weitere Fleete komplettierten das Hamburger Grabensystem des 13. Jahrhunderts: So entstand 1227 etwa an der Stelle von Rathaus und Börse das Maria-Magdalenen-Kloster. Das Grundstück grenzte unmittelbar an das Ufer des unteren Mühlensees, dem eine langgestreckte Insel vorlagerte. Die Klostergebäude standen aus Sicherheitsgründen in einiger Entfernung zum See. Zur bequemeren Versorgung mit Wasser grub man einen Kanal. Die spätere Bezeichnung der Wasserstraße als Klosterfleet lag nahe, ebenso wie der Name einer Abzweigung des Klosterfleets, die zwischen Adolphsplatz und Alten-Wall-Brücke verlief und Mönkedammfleet hieß – nicht zu verwechseln mit dem heutigen Fleet gleichen Namens!

Ungefähr zeitgleich mit dem Klosterfleet entstand ein kleiner Wasserarm, der von der Kornmühle an der Alster nordwärts bis zu den Gerberbetrieben reichte, die sich in der Nachbarschaft des Klosters niedergelassen hatten. Auch in diesem Fall prägte das Berufsbild den Namen des späteren Gerberstraßenfleets.

Obstewer aus dem Alten Land liegen mit gesetzten Segeln auf dem Nikolaifleet. Hier an der westlichen Uferlinie, zwischen Trost- und Holzbrücke, lag seit 1188 der zweite Hafenplatz Hamburgs.

Glatt, großzügig und leblos – die Tage der schippernden Gemüsebauern am Nikolaifleet sind unwiderruflich vorbei.

Etwa um 1260 datiert die erste urkundliche Erwähnung der „Hohen Brücke", die unterhalb des 1189 entstandenen Hafens über die Alster führte. Ihre besonders hochgebauten Bögen konnten kleinere Ewer und Boote mit niedergelegten Masten durchfahren. Größeren Handelsschiffen blieb allerdings seit der Existenz der Brücke der Weg in den Alsterhafen verwehrt.

Neue Hafen- und Umschlaganlagen wurden zwingend notwendig. Die jedoch konnten nur an dem etwa 200 Meter langen Reststück der Alster vor ihrer Einmündung in die Elbe entstehen, in einem Bereich also, den bei Schlechtwetter unruhige See und starker Wind gefährdete.

Man fand eine ideale Lösung des Problems. Das Flußbett der Alster wurde bis kurz vor ihrer Mündung um ein Mehrfaches verbreitert. Die eigentliche Mündung aber behielt auf den letzten Flußmetern ihre naturgegebene Breite. Der so entstandene „Flaschenhals" garantierte im Hafen eine stets ruhigere Wasseroberfläche als auf der Elbe. Den Schiffen gab die Verbreiterung den erforderlichen Manövrierraum, die Elbnähe sorgte für genug Wassertiefe. Unabhängig vom Tidestand war das Ein- und Auslaufen jederzeit möglich.

Mit der Erstellung des Alstertiefs zeichnete sich ansatzweise die im Hamburger Hafen noch heute gültige Trennung der Anlagen für See- und Binnenschiffe ab. Beides wurde benötigt: Der neue Hafen für Handelsschiffe und die alten Hafenanlagen an der Alsterschleife mit der unmittelbaren Nähe zu den Kaufmannsspeichern als Anlaufpunkt für die stetig wachsende Zahl der Binnenschiffe und Hafenfahrzeuge.

Schon 1216 hatten sich die erzbischöfliche Altstadt am linken und die gräfliche Neustadt am rechten Alsterufer zu *einem* Hamburg zusammengeschlossen, die getrennten Verwaltungen aufgegeben und neben der Trostbrücke ein gemeinsames Rathaus errichtet. 1292 er-

Der folgenreichste Eingriff der Mitte des 13. Jahrhunderts getroffenen Wasserbaumaßnahmen war die Verbreiterung des unteren Alsterlaufs unmittelbar vor der Mündung in die Elbe. Einige Umstände lassen darauf schließen, daß die Verbreiterung, die zum Alstertief wurde, nicht natürlichen Ursprungs ist und in einem Zug entstand mit den Arbeiten am südlichen und westlichen Schutzgraben sowie der Erweiterung des Stadtgebietes im Brookgelände.

Ausgangsszenario dieser Theorie ist das mittlerweile großflächige Siedlungsgebiet zwischen Meßberg und Alstermündung, durchzogen von schiffbaren Fleeten. Das einstmals zusammenhängende Brookgelände bot den Anblick eines Flußdeltas mit einzelnen Inseln. Ihr Ortszusammenhang erforderte eine verkehrsmäßige Erschließung. Auf den Deichkronen entstanden befestigte Wege, an vielen Stellen überspannten Brücken die Wasserläufe.

hielt Hamburg Stadtrecht, ein Ort mit etwa 5000 Einwohnern und einem derart planmäßig ausgebauten Areal, daß es bis zum anbrechenden 16. Jahrhundert weder zu einer Erweiterung des Stadtgebiets noch zu einer Ergänzung des Fleetnetzes kam.

Wälle, Schlagbäume und neue Inseln

Um 1500 lag Hamburg noch ausschließlich an der Alster. Doch in diesem Jahr erreichte man mit einer wasserbaulichen Maßnahme erstmals die Elbe: Ein neuer Schutzgraben zog sich von der Stadthausbrücke bis zur Roosenbrücke unweit des Baumwalls. Nun war ein Stadtgraben noch keineswegs ein neues Fleet. Aus militärischen Gründen – freie Sicht, freies Schußfeld – galt entlang der Uferstrecke absolutes Bauverbot. Aber das stete Anwachsen der Stadt und die dadurch bedingte Ausweitung der Stadtgrenze machte die Besiedlung nur zu einer Frage der Zeit.

Auch einstige Entwässerungsgräben avancierten zu schiffbaren Verkehrswegen. Bis 1521 geschah dies mit dem Graben auf der Cremon-Insel, dessen Mündung ins Alstertief zwischen Neuem Krahn und Brooksbrücke für das entstehende Mattenwieten- oder auch Katharinenstraßenfleet einen direkten Hafenzugang darstellte.

Allmählich begannen sich Ansätze vorstädtischer Ansiedlungen auszuprägen, so etwa im östlichen Vorland St. Georg oder eine Gartenlandschaft westlich der Alster zwischen Gänsemarkt und Eichholz. Auf dem sich daran anschließenden, flach zur Elbe neigenden Gelände hatte sich bereits seit der Mitte des 14. Jahrhunderts ein ursprünglich als Fischmarkt genutzter Handelsplatz entwickelt, der „Schaarmarkt" (plattdeutsch: „Markt am Ufer"). Die Fischer ließen ihre Boote am flachen Strand unterhalb des Marktes aufsetzen, was bedeutete,

Ein Blick von der Schaartorbrücke auf das 1873-75 verbreiterte Steinhöft. 1830 zog der Reeder Robert M. Sloman in das 1827 erbaute Haus an der Ecke zum Baumwall ein.

1908 erfolgte der Abriß des alten und anschließend der Bau des neuen Sloman-Gebäudes. Bereits 1905 eröffnete der „Elbhof", der zwar während des Zweiten Weltkriegs zerstört, aber wieder aufgebaut wurde.

daß sie die Flut abwarten oder sie mit großem Kraftaufwand zum Fahrwasser ziehen mußten, wenn sie den Handel beendet hatten. Eine um 1528 errichtete hölzerne Vorsetze im ufernahen Fahrwasser schuf Abhilfe. Wenn auch nicht als maritime Einrichtung, so hat doch wenigstens der Begriff „Vorsetzen" als Bezeichnung des Straßenabschnitts zwischen Johannisbollwerk und Baumwall die Zeit überdauert.

Auch der Baumwall erinnert an eine Hafenbaumaßnahme während der ersten Hälfte des 16. Jahrhunderts. Um den Hafen gegen Feinde zu sichern, setzte man 1531 zwischen der Kehrwiederspitze und dem Steinhöft eine doppelte Pfahlreihe unter Aussparung einer schmalen Rinne, die sich tagsüber von Schiffen passieren ließ. Nachts hingegen wurde die Durchfahrt mittels eines liegenden Baumstamms versperrt.

Hamburgs dritter Hafen: Der Binnenhafen im Alstertief, Umschlagplatz zwischen den Seeschiffen und dem verzweigten Fleetenetz. Der Turm in der Bildmitte gehört zum Gebäude des Waisenhauses an der Admiralitätsstraße.

Moderne Zeiten: Die U-Bahn kreuzt den Binnenhafen, statt des Waisenhaus-Turms beherrscht der Fernsehturm die Skyline. An der Ecke Baumwall/Steinhöft dominiert das trutzige Kontorhaus der Sloman-Reederei, daneben ist die helle Fassade des Elbhofs zu erkennen.

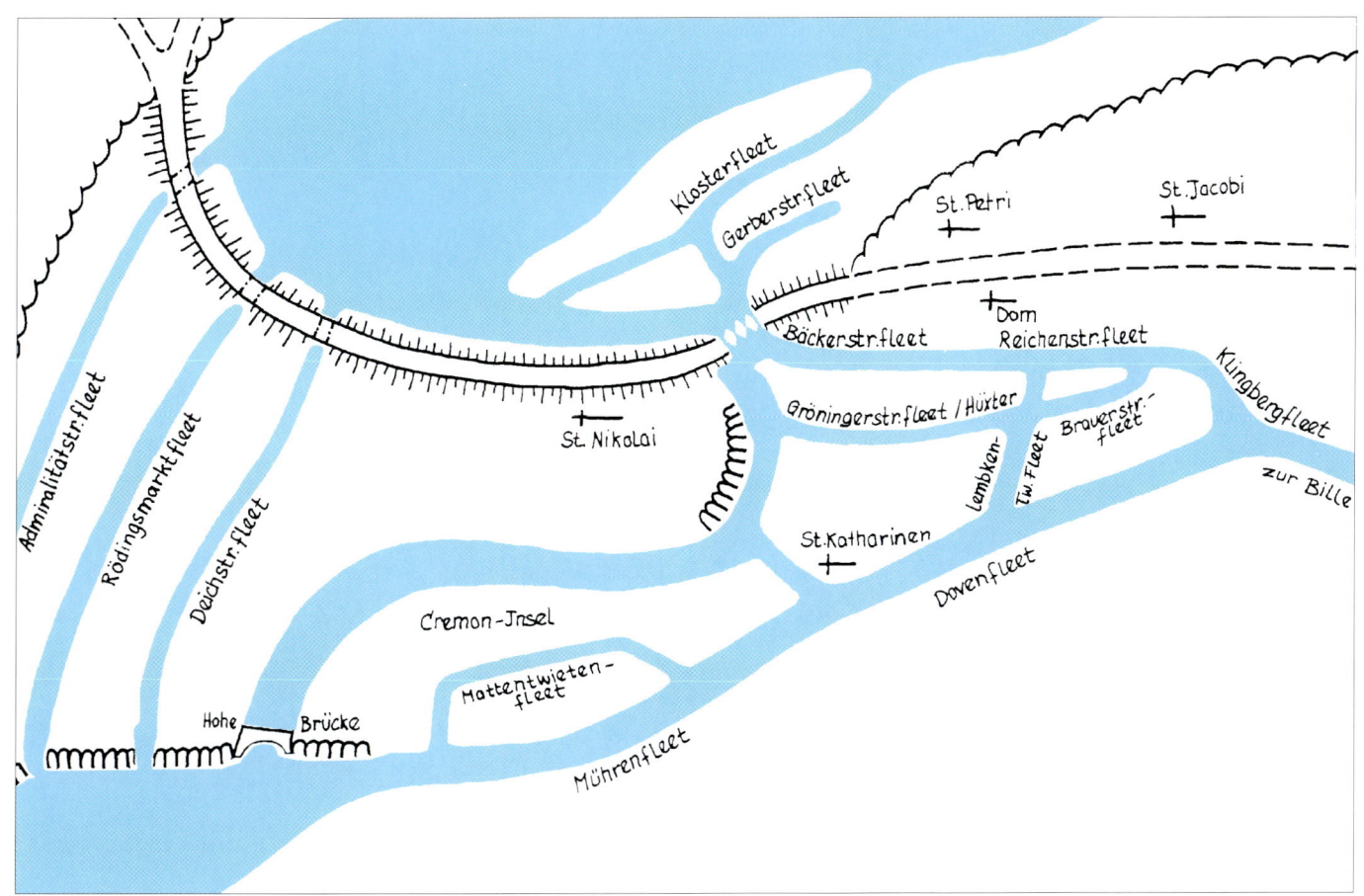

Der Ort wächst: Fleete spielten eine wesentliche Rolle bei der Erschließung neuer Wohngebiete - auch während des hier dargestellten Zeitraums zwischen 1260 bis 1548.

Diese offiziell als „Niederbaum" bezeichnete Grenzlinie hatte ihr Gegenstück am Deichtor, wo im Bereich der Oberbaumbrücke eben der „Oberbaum" die Einfahrt sicherte.

1544 schlug dem ersten Hamburger Mühlensee zwischen Reesendamm und Graskeller die Stunde. An seinem Ostufer war zwischen 1475 und 1481 der Alte Wall entstanden, eine Befestigung, die dem Sicherheitsbedürfnis der gewachsenen Stadt nicht länger entsprach. Umfangreiche Sandaufschüttungen schufen den Neuen Wall mitten im einstigen Mühlensee, der durch diese Maßnahme geteilt wurde. Einige Begradigungen der Uferzonen verstärkten die Kanalisierung der beiden neuen Wasserläufe, aus denen Alster- und Bleichenfleet werden sollten. Der verbliebene Landstreifen zwischen dem um 1258 ausgehobenen Vorläufer des Admiralitätsstraßenfleets und dem 1500 erstellten Herrengraben bildete nach entsprechendem Umbau die südliche Verlängerung des Neuen Walls zwischen Graskeller und Steinhöft. Die Züge von Admiralitätsstraße und Steinhöft verlaufen heute auf der einstigen Dammkrone.

Eine umfangreiche Stadterweiterung fand zwischen 1546 und 1548 in südlicher Richtung statt. Das bis dahin hauptsächlich landwirtschaftlich genutzte Brookgelände südlich vom Meßberg und St. Katharinen wurde durch Aufschüttungen vor Überflutung geschützt und zur Besiedlung freigegeben.

Das Brook- und Wandrahmviertel füllte sich schnell mit Häusern und Menschen. Neue Fleete entstanden innerhalb des Areals ebenfalls, hatten jedoch – abgesehen vom Lauf des Holländischen Brookfleets innerhalb der Wandrahminsel – für die örtliche Schiffahrt keine große Bedeutung. Auf dem neuen Stadtgebiet standen fast ausschließlich Wohnhäuser. Kaufmannsspeicher, deren große Zahl das Bild anderer Fleetläufe prägte, gab es hier nur vereinzelt.

Der erst kurz zuvor erfolgte Ausbau des Katharinenstraßenfleets mit etlichen günstig gelegenen Speichern hatte die Lagerraumnachfrage zunächst erschöpft.

Die geringe Breite des die ganze Brookinsel durchziehenden Fleetlaufs läßt darauf schließen, daß er eher der Wasserversorgung, als zu Schiffahrtszwecken dienen sollte. Seine Mündung lag im Stadtgraben vis-à-vis des Steckelhörnfleets, das nach einem weiten Bogen bei der Kibbeltwiete als „Kleines Fleet" endete. Das bereits genannte Holländische Brookfleet durchquerte die Wandrahminsel von der Poggenmühle gegenüber des Meßbergs bis zum Straßenzug Bei St. Annen.

Reges Treiben im Binnenhafen, aufgenommen um 1905 vom Kehrwieder aus. Die Bebauung ist geschlossener als auf dem älteren Foto. Das Ensemble links neben der Schaartorbrücke jedoch ist geblieben.

rechts oben: Am Nordufer des Binnenhafens liegt zwischen der Hohen Brücke und der Brooksbrücke der Straßenzug Bei dem Neuen Krahn, benannt nach dem hier 1352 aufgestellten zweiten Kran der Stadt.

rechts unten: 1858 ersetzte man den hölzernen Kran durch ein eisernes Modell. Im Hintergrund: der Michel. (*vgl. rechte Seite oben*)

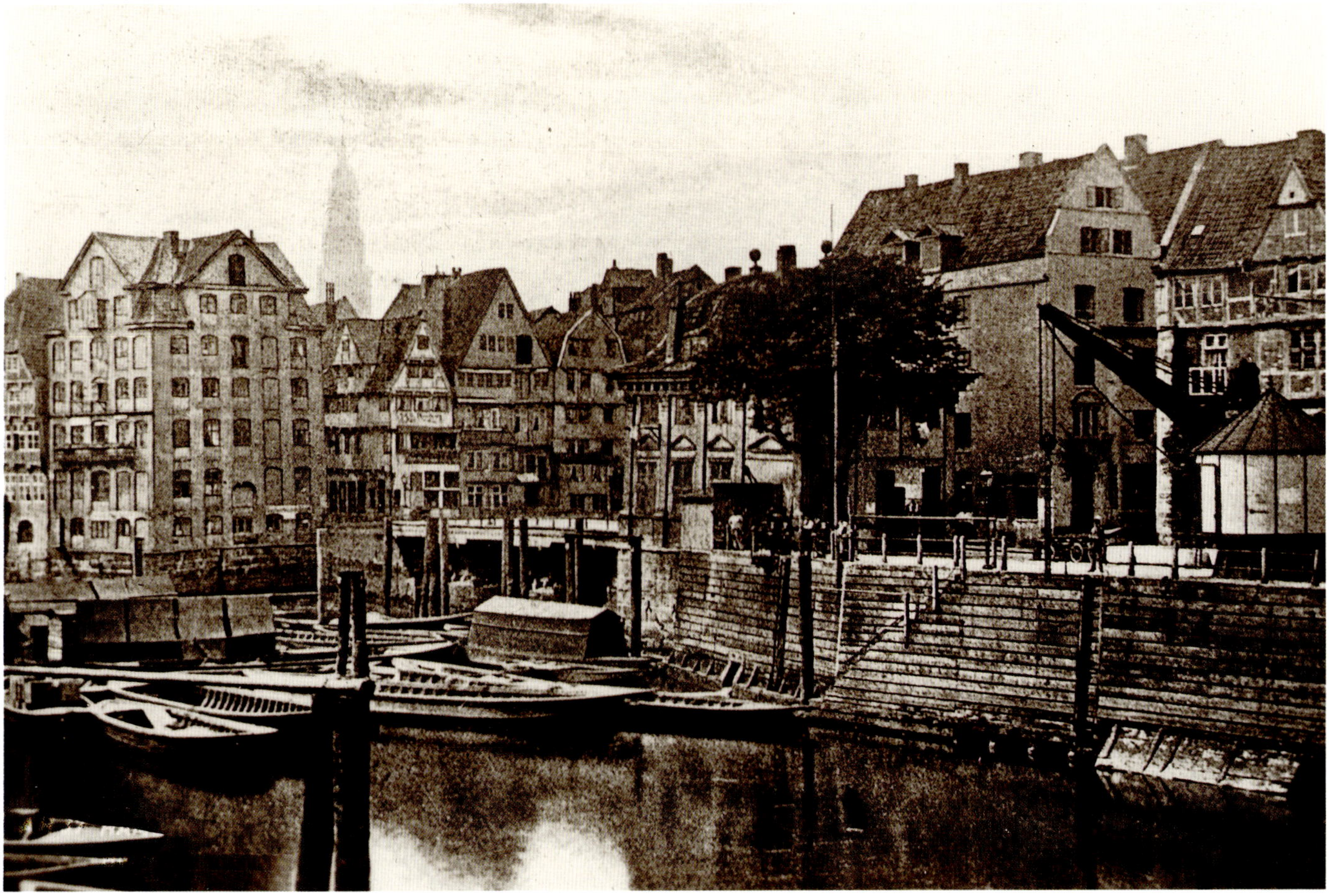

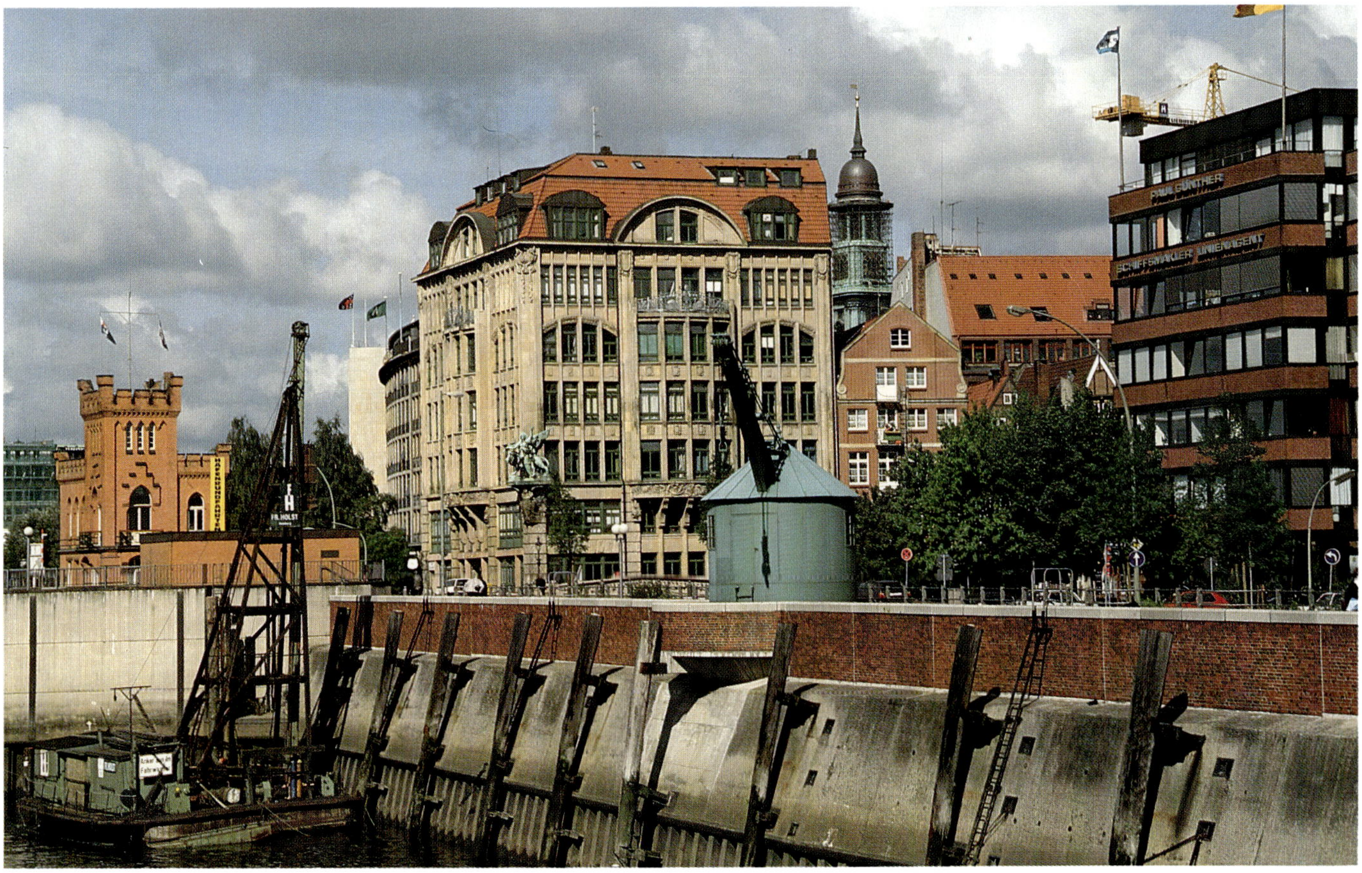
PAUL GÜNTHER
SCHIFFSMAKLER LINIENAGENT

Die „Hohe Brücke", erstmals erwähnt um 1260, die den Bau des Binnenhafens überhaupt notwendig machte. Die hier abgebildete Brücke wurde 1886-87 errichtet.

Durch die Masten der im Binnenhafen liegenden Ewer streift der Blick vom Steinhöft hinüber zum Rödingsmarkt und den Kajen.

Die heutige „Hohe Brücke" vor der Einmündung des Nikolaifleets in den Zollkanal. Das burgähnliche Gebäude – vom Volksmund despektierlich „Mäuseburg" genannt – links der Brücke beherbergte die Wohnung des Kranführers vom „Neuen Krahn".

Die wenigen Schiffsbewegungen auf den Fleeten dienen heute meist touristischen Zwecken. Statt der Schiffe Mastenwald gibt es die U-Bahn, die seit 1912 auf einem Viadukt über den Binnenhafen führt.

Bei der Entstehung 1258/60 wurde das spätere Mührenfleet als Wehrgraben konzipiert. Das Nordufer befestigte man mit einer Stadtmauer, die nicht nur hier verlief, sondern sich fast um den ganzen Ort zog. Die heutige Ufermauer hat durchaus etwas von einer mittelalterlichen Verteidigungsanlage. Besonders das niederdeutsche Wort „Mühren" (Mauern) – enthalten in der alten Fleetbezeichnung und noch im Straßennamen „Bei den Mühren" – erinnert an den Wall. Heute spannt sich die Jungfernbrücke über den Zollkanal, die bei der Errichtung des Freihafens entstand.

Um 1900 entstand vom Meßberg aus diese Ansicht von der 1855-57 erbauten Wandrahmsbrücke. Dunstverschleiert sind die Türme von St. Katharinen (links) und St. Nikolai (Mitte) erkennbar. Das „Arps-Hotel" und seine Nachbargebäude stehen am Teerhof. Hotel und Nebengebäude fielen 1906 der Spitzhacke und der Freihafenerweiterung zum Opfer. Fünf Jahre später ersetzte man die Wandrahmsbrücke durch eine neue Konstruktion. Auch die steht nicht mehr – heute heißt der Übergang „Wandrahmsteg".

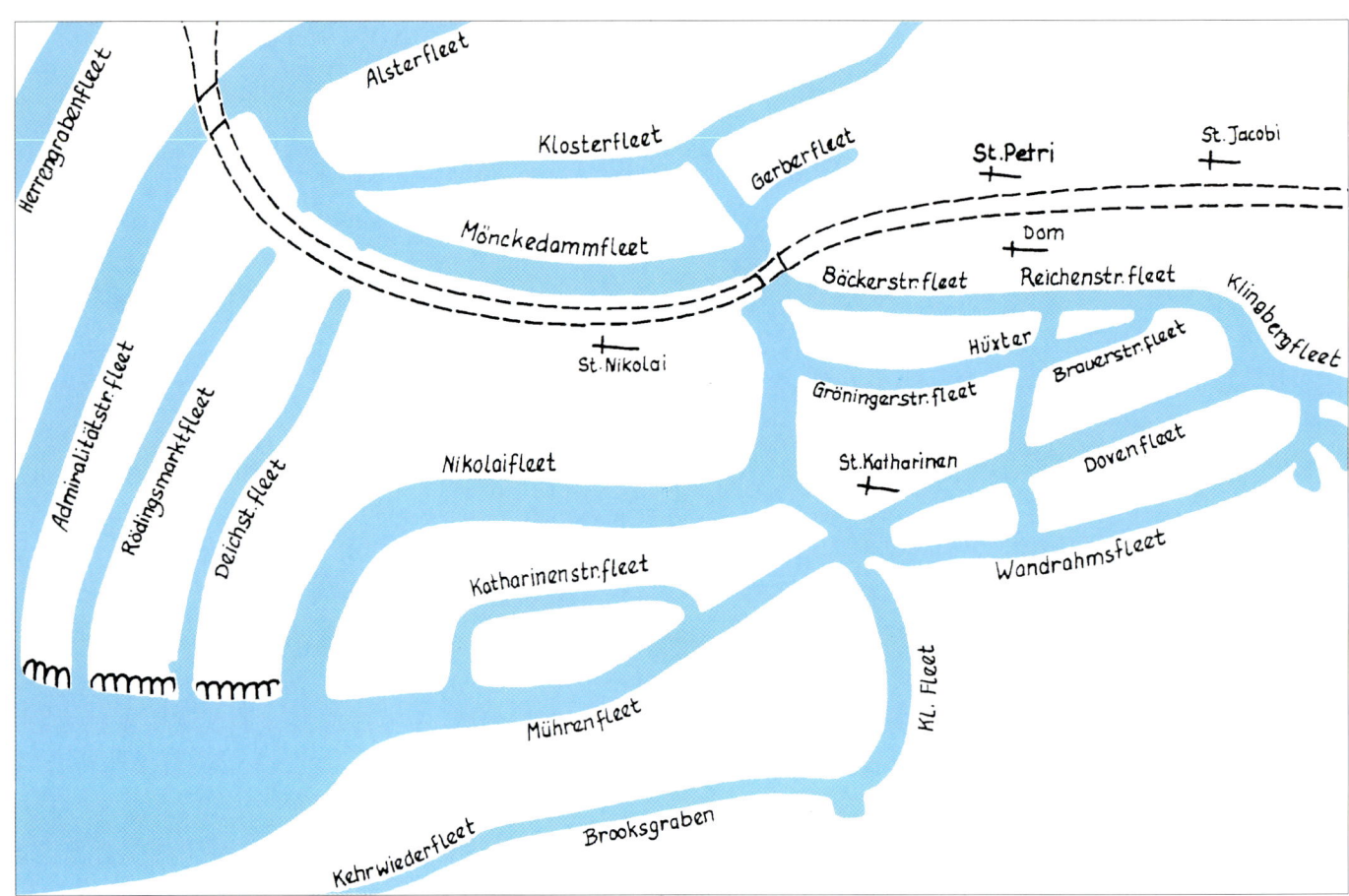

Ein neues Areal für die Stadt: Das Gelände der heutigen Speicherstadt, erschlossen ab 1548 durch die Anlage von Wandrahms- und Kleinem Fleet sowie Brooksgraben und Kehrwiederfleet.

rechts oben: Das Nordufer des Mührenfleets, aufgenommen vom Brook aus. Teilweise recht abenteuerlich konstruierte Holzerker ragten weit über die Uferlinie hinaus. Darin untergebracht waren die Aborte.

rechts unten: Der Blick von der Brooksbrücke zeigt die alte St. Katharinen-Kirche und die moderne Bebauung des Nordufers am ehemaligen Mührenfleet. Die alten Häuser wurden im Zuge der Baumaßnahmen im Freihafen 1883/84 abgerissen.

Vom Admiralitätsstraßenfleet an der Heiligengeistbrücke geht der Blick zu den Gebäuden am Neuen Wall. Diese Aufnahme von 1913 zeigt noch die dichte Bebauung mit Speichern.

Die dichte Bebauung läßt vergessen, daß dieser Wasserlauf einst die Grenze zwischen Altstadt und Neustadt markierte – das Admiralitätsstraßenfleet vor der Heiligengeistbrücke.

Noch einmal die alte Wandrahmsbrücke, diesmal allerdings vom Teerhof aus in Richtung Meßberg gesehen. Verdeckt hinter der Brücke befindet sich die Einmündung des Klingbergfleets, das auf diesem Abschnitt bereits 1901, zwei Jahre nach Entstehung dieser Aufnahme, zugeschüttet wurde. Auf dem Geestrücken hinter dem Meßberg erhebt sich majestätisch die St.-Jakobi-Kirche.

Von der Jahrhundertwende-Szenerie ist nichts übriggeblieben. Sogar der St.-Jakobi-Turm hat sich verändert: 1944 brannte er aus, erst 1963 waren die Arbeiten am Neubau abgeschlossen. Neben der alten Polizeiwache und dem Chilehaus erhebt sich rechts im Bild der Meßberghof, 1923/24 von den Architekten Hans und Oskar Gerson zunächst als „Ballinhaus" gebaut.

Das Bleichenfleet, Blickrichtung Südwest. Der Fotograf steht auf der Fuhlentwiete. Im Vordergrund darunter die Bebauung am Bohnsplatz. Majestätisch überragt der Michel das Bild.

Das Herrengrabenfleet im Übergang zum Bleichenfleet mit der 1891 erbauten Stadthausbrücke. Die Häuserreihe stand zwischen dem Fleet und der Düsternstraße. Bei der ursprünglichen Anlage als Wehrgraben grenzte die hier erkennbare Fleetkrümmung an den alten Alsterlauf.

Einige weitere kleinere Kanäle dienten der Querverbindung zwischen den Fleeten und der Anbindung an den Stadtgraben.

Eben dieser Stadtgraben zwischen Meßberg und Alstertief büßte mit der südlichen Erweiterung des Wohngebiets seine Schutzfunktion ein. Der Umbau zu einer west-östlichen Wasserverbindung bot sich an, führte doch bislang der einzige Schiffsweg von der Bille zum Alsterhafen kreuz und quer durch die Stadt: über das Klingberg-, Brauerstraßen-, Hüxter- und Gröningerstraßenfleet bis zum Nikolaifleet, für die Ewerführer ein anstrengender und kurvenreicher Parcour.

1555 konnten endlich die ersten Binnenschiffe den Weg über das Doven- und Mührenfleet befahren. Bessere Verkehrsanbindungen ergaben sich durch diese Maßnahme auch für die Fleete auf der Brook-, Wandrahm- und Cremon-Insel. Die Freude daran währte jedoch zunächst nur 13 Jahre. Dann nämlich geschah etwas, was als Beispiel dafür gelten kann, daß auch zu früheren Zeiten Bürokraten imstande waren, an realen Bedürfnissen vorbei zu planen. An der Nahtstelle zwischen Mührenfleet und Alstertief errichtete man eine Brücke von so niedriger Höhe, daß die meisten Lastkähne nicht mehr passieren konnten. Man benötigte weitere 13 Jahre, um den Mißstand durch einen Umbau der Brücke zu beheben.

Die hohe Zeit der Fleete

Hamburgs Bedarf an Wohnraum wuchs beständig. Bereits von 1616-26 kam es zum Bau einer neuen Wallanlage, die nicht nur das bis zu diesem Zeitpunkt bebaute Stadtgebiet umschloß, sondern auch den der Altstadt gegenüberliegenden Geesthang im Westen einbezog. Dammtor und Millerntor wurden an anderer Stelle neu errichtet. Die zweite Neustadt entstand rund um die seit 1605 bestehende Michaeliskapelle, die 1188 gegründete erste Neustadt mit ihrem Kirchspiel St. Nikolai wurde nunmehr Teil der Altstadt.

Die geographischen Gegebenheiten verhinderten die Anlage neuer Fleete im jungen Siedlungsgebiet. Doch da die neuen Wallanlagen die militärische Schutzfunktion des Herren- und Bleichengrabens hinfällig machten, ließen sich diese Wasserläufe zu Fleeten umgestalteten.

Diese naheliegende Maßnahme ließ jedoch lange auf sich warten. An den Grabenrändern wurden Wohnhäuser errichtet, aber an den Wasserläufen selbst keine Veränderungen vorgenommen.

Die stehenden und von jeglicher Frischwasserzufuhr abgeschnittenen Gewässer verschlammten allmählich. Besonders in den warmen Sommermonaten begann das Brackwasser zu riechen, eine Entwicklung, die durch den von Anwohnern hineingeworfenen Unrat noch forciert wurde.

Unter Strafandrohung verbot die Obrigkeit die weitere Verschmutzung der mittlerweile morastigen Gräben, doch eigentliche Abhilfe schuf das nicht. Erst

1765/66 versuchte man eine Problemlösung durch Verbreiterung und Vertiefung des Herrengrabens.

Ohne Erfolg: Im stehenden Gewässer blieben die unhaltbaren hygienischen Bedingungen bestehen, der vom Volksmund bereits als „Stankpfuhl" bezeichnete Herrengraben galt weiterhin als Ärgernis.

Erst als im Oktober 1772 das Wehr am Baumwall entfernt war und so die Verbindung zur Elbe wiederhergestellt war, sorgte der Wechsel von Ebbe und Flut für ausreichende Durchspülung des neuen Herrengrabenfleets.

Im nördlichen Teil des alten Stadtgrabens zwischen Ellerntorbrücke und Poststraße kämpfte man mit der gleichen Problematik. Hier hatte man schon 1715 versucht, mittels eines Querfleets unter dem Neuen Wall hindurch zum Alsterfleet die Lage zu entschärfen – allerdings mit wenig Erfolg. Erst 1786 hatte die Misere nach dem Einbau einer Spülschleuse unter der Ellerntorbrücke ein Ende, aus dem Bleichengraben wurde das Bleichenfleet.

Eine leicht veränderte Perspektive: Der Fotograf steht auf der Bleichenbrücke, die Blickrichtung ist die gleiche geblieben (vergl. linke S. oben). 1914 wurde das Bleichenfleet mit dem Stadthaus überbaut. Rechts befindet sich der Bleichenhof, eines von vielen modernen Einkaufszentren entlang der Fleetläufe.

Die Abrißbirne und der Krieg haben mittlerweile die nachfolgende Bebauung gefressen. Erhalten hat sich jedoch die zum Wasser führende Treppe, ein Symbol der Verbundenheit von Stadt- und Hafenleben (vergl. linke S. unten).

Hier stieß die heute etwas verkürzte Fuhlentwiete an die Schnittstelle von Herrengraben- und Bleichenfleet. Von Fachwerk keine Spur mehr, aber immerhin blieb eine der alten Treppen erhalten, die noch immer den Zugang zum Fleet ermöglicht.

Kleiner Umschlagplatz im System der Fleete: Der alte „Pferdeborn" am Ende der Fuhlentwiete. Das mächtige Fachwerkgebäude in der Bildmitte war Teil eines U-förmigen Hofes, genannt „Wersaus' Platz".

Die Niederbaumbrücke und der Baumwall mit dem roten Backsteingebäude der Sloman-Reederei, das anstelle des 1908 abgebrochenen Hauses errichtet wurde.

Am Baumwall fließt die Alster in die Elbe. Ein Hafenschlepper verholt beladene Kohleschuten Richtung Oberhafen. An der Barkasse im Vordergrund ist gut zu erkennen, daß die Barkassenführer ohne Schutzaufbau im Freien standen.

oben: Unter den vielen Brücken Hamburgs ist die Zollenbrücke mittlerweile die älteste noch erhaltene Konstruktion. Der Sandsteinquaderbau stammt von 1633 und trägt im Schlußstein das Hamburger Wappen. Benannt ist sie nach dem Zollhaus der Schauenburger Grafen, das sich in der Nachbarschaft befand. Schon 1246 wurde eine Brücke an dieser Stelle erwähnt, die eine Verbindung zwischen der Reichenstraßen- und der Grimminsel ermöglichte.

rechts: Zollenbrücke/Ecke Domstraße: Die historische Perspektive läßt sich kaum rekonstruieren, nicht nur weil es das Gröningerstraßenfleet nicht mehr gibt. Die erst nach dem Zweiten Weltkrieg angelegte Domstraße hat das historische Altstadtgebiet ebenso rigoros durchschnitten wie die Ost-West-Straße.

rechte Seite: Blick von der Zollenbrücke ostwärts durch das bei Ebbe leergelaufene Gröningerstraßenfleet. Das helle Gebäude am linken Ufer mit seiner im 1. Stock angebrachten „Auslucht" steht noch immer - es ist die einstige hintere Fleetfront des Woermannschen Afrika-Hauses an der Großen Reichenstraße Nr. 27. Über die Brücke im Hintergrund führt die Brandstwiete.

Von der Kornhausbrücke schweift der Blick über den Zollkanal zum Straßenzug Dovenfleet. Dort stand, in der Bildmitte erkennbar, das in den 80er Jahren des 19. Jahrhunderts erbaute „Levante-Haus" an der Ecke hinter der Lembkentwiete.

Im Bereich des Hafens änderte sich während der zweiten Hälfte des 18. Jahrhunderts Grundlegendes. Das Alstertief, dritter Hafenstandort in der Geschichte Hamburgs, stieß an die Grenze seiner Kapazität. Entlang der Küste an den Vorsetzen kam es zum Bau des 1768 in Betrieb genommenen Niederhafens.

567 in den Grund gerammte Pfähle, zusammengefaßt zu 82 Dalbengruppen, boten den daran vertäuten Schiffen Ankerplatz auf Reede. Schon 1795 reichte die Zahl der Dalben nicht mehr aus. Der Niederhafen wurde westwärts verlängert und reichte schließlich bis kurz vor den Standort der heutigen St.-Pauli-Landungsbrücken.

Trotz aller Neuerungen und der regen Geschäftigkeit im Niederhafen: Die Fleete, an deren Ufern um die 600 Speicher standen, blieben das wirtschaftliche Rückrat des Hafens. Eine Abfertigung der Seeschiffe an Kais oder die Lagerung der Handelsgüter in eigens dafür gebauten Schuppen fand noch nicht statt.

Sämtliche Waren wurden von den zahlreichen Ewerführern mühevoll in Schuten von und zu den Speichern und Schiffen gestaakt.

In den Fleeten herrschte Hochbetrieb, drangvolle Enge jeden Tag. Dennoch gab es zu ihnen für den Gütertransport innerhalb der Stadt keine Alternative, denn die engen, winkligen Altstadtgassen boten ein denkbar schlechtes Terrain für Lastverkehr.

Die Zeit nach der Fertigstellung des Bleichenfleets (1786) bedeutete für das städtische Wasserstraßennetz bezüglich der Anzahl und Ausdehnung den Höhepunkt der Entwicklung.

29 Fleete durchzogen die Stadt. Sie waren zusammengefaßt in 18 Wasserstraßen.

Einen in sich geschlossenen Lauf bildeten die Fleete:
1. Admiralitätsstraßen- und Alsterfleet
2. Bäcker-, Reichenstraßen- und Klingbergfleet
3. Gröninger-, Hüxter- und Brauerstraßenfleet
4. Stubbenhuk-, Herrengraben- und Bleichenfleet
5. Kleines Fleet, Brooksgraben- und Kehrwiederfleet
6. Doven- und Mührenfleet
7. Wandrahms- und Holländisches Brookfleet.

Außerdem kamen noch folgende Einzelfleete hinzu:
Gerberstraßenfleet, Nikolaifleet, Katharinenstraßenfleet, Klosterfleet, Lembkentwietenfleet, Mönkedammfleet, Hopfensackfleet, Deichstraßenfleet, Neuer-Wall-Fleet, Rödingsmarktfleet, sowie das Querfleet beim Wandrahm.

Im „Levante-Haus" hatte die HAPAG ihre Kontorräume, bis sie 1903 ihren Neubau am Ballindamm bezog. Rechts im Bild erkennt man den Anleger des Zollmuseums mit einem Zollboot.

Die Katastrophe

Die Fleete blieben als Transportwege nicht lange ohne Konkurrenz. Die Eisenbahn, das Verkehrsmittel des 19. Jahrhunderts, begann die europäischen Städte zu prägen. Hamburg sollte da keine Ausnahme bleiben. Wo es einen Bahnhof gab, wurden leistungsfähige Zufahrten benötigt. Fuhrwerk und Schiene – darin sah man die Zukunft des Frachtverkehrs. Speziell in Hamburg kam der Wandel nicht allmählich.

Eine spektakuläre Katastrophe beschleunigte die Entwicklung sprichwörtlich über Nacht. In der Nacht vom 4. auf den 5. Mai 1842 brach in einem Dachstuhl an der Deichstraße Nr. 42 Feuer aus. In der Folge breitete sich ein Flächenbrand aus, dem erst am 8. Mai Einhalt geboten werden konnte. 51 Menschen starben, etwa 1100 Wohnhäuser und 102 Speicher brannten ab. 71 Straßenzüge waren betroffen – ein Viertel des mittelalterlichen Stadtkerns lag in Schutt und Asche.

Die schmalen Fleete stoppten die Feuersbrunst nicht. Etliche der hölzernen Brücken, in den Fleeten liegende Schuten und Ewer sowie die Dalben verbrannten mit den Gebäuden ringsum, deren rauchende Trümmer die Wasserläufe unpassierbar machten. Auch die am Jungfernstieg liegende Wasserkunst, die viele Haushalte mit Trinkwasser versorgte, blieb nicht verschont. Das aufgestaute Wasser der Alster nahm ungehindert den Weg durch die Fleete in die Elbe, wie ein Augenzeuge berichtet:

„Die Alster war weithin mit Trümmern, schwimmenden Mobilien und halbverbrannten Schiffen bedeckt. Am Ende des Jungfernstiegs waren die Brücken zusammengestürzt, die Schleusen ausgebrannt; unaufhaltsam stürzte in natürlicher Freiheit das Wasser der Alster über die Trümmer in den großen Kanal (Nikolaifleet) *und dieser Ton traf das Ohr, als habe die Zeit ausgeschlagen und rausche als Strom der Vergänglichkeit an uns vorüber."*

Zur Bewältigung des ersten Schritts zum Wiederaufbau trugen die Fleete, Ewerführer und ihre Fahrzeuge wesentlich bei. Schuten und Ewer schafften den größten Teil der angefallenen Trümmer aus der Stadt zu den Elbinseln, deren Terrain man mit dem Schutt erhöhte.

Auch bei den anschließenden Baumaßnahmen bewiesen die Wasserstraßen einmal mehr ihre Leistungsfähigkeit, da sich auf ihnen benötigtes Material unmittelbar in die vom Feuer verwüsteten Gebiete bringen ließ. Doch eben dieser Wiederaufbau besiegelte das Schicksal etlicher Fleete. Hamburg wurde zur modernen Großstadt. Breite Straßen mit neuen Häusern lösten die engen Gassen mit den einstigen Fach-

1548 wurde mit der Anlage des Holländischen Brookfleets begonnen. Hier ließen sich überwiegend holländische Glaubensflüchtlinge nieder. Straßennamen wie Holländischer Brook und Holländische Reihe erinnern an diese Begebenheit. Mit der Errichtung des Freihafens wurde aus dem jahrhundertealten Wohnquartier ein Lagerhausareal – die Speicherstadt (*rechts*).

werkbauten ab. Der Strukturwandel machte zumindest die kleinen, schmalen Fleete bald überflüssig. Der Schiffsverkehr auf ihnen ließ nach, und damit sank ihre Bedeutung innerhalb des Fleetsystems. Auf den Erhalt der Wassertiefe legte man demzufolge in diesen Läufen nur noch wenig wert, sie begannen zu verschlammen und stellten für die Bevölkerung ein Gesundheitsrisiko dar. Konsequent wurde mit der Zuschüttung nutzloser Fleete begonnen.

Unmittelbar nach dem Brand erfolgte die Verschüttung der Bäckerstraßenfleetmündung zwischen Mühlenbrücke und Neß sowie die Halbierung der Kleinen Alster auf ihre heutige Größe. Noch im gleichen Jahr kam das Ende für das Kloster-, ein Jahr später für das Gerberstraßenfleet. Uferbegradigungen am Alster- und Mönkedammfleet sowie die völlige Umgestaltung des Westufers der Kleinen Alster folgten. Nur ein Fleet – das Deichstraßenfleet – erlebte auf etwa zwei Dritteln seiner Länge die Verbreiterung seines Bettes.

Der Neuaufbau bot die Möglichkeit zur Verlegung eines neuartigen Siel- und Wasserversorgungssystems. Erstmalig gelangte frisches Wasser direkt in die Wohnungen und mußte nicht mühsam aus den Zapfanlagen im Keller oder aus den Fleeten geschöpft werden. Die schmalen „Hinterhofpriele" hatten also sogar ihre Funktion als Wasserreservoir eingebüßt.

In den folgenden Jahren wurden zahlreiche Fleete zugeschüttet:

1854 Brooksgraben und Kehrwiederfleet

1860 Kleines Fleet

1877 ein Teilstück des ältesten künstlichen Wasserlaufs auf Hamburger Gebiet, das Bäckerstraßenfleet zwischen Fischmarkt und Dornbusch

1878 das schmale Lembkentwietenfleet, dessen westliche Uferbebauung den Lauf in halber Breite überdeckte

1880 ein weiteres Teilstück des Bäckerstraßenfleets zwischen Brodschrangen und Börsenbrücke

1880 ein Teilstück des verbunden Zuges von Bäcker- und Reichenstraßenfleet, vom Fischmarkt aus etwa 100 Meter gen Osten (auf dem zugeschütteten Fleet wur-

1548/49 legte man das Poggenmühlenfleet als Teil einer Wehranlage an. Quer zum Wandrahmsfleet gelegen, gab es unter der Teerhofbrücke hindurch den Weg zum Oberhafenkanal frei. Der Teerhof, der früher bis zum Ericusgraben führte, ist nur noch stark verkürzt erhalten (rechts). Keine Brücke führt hier mehr über das Fleet, die Straße endet als Sackgasse am Geländer links im Bild.

den bis 1885 mehrstöckige Wohnhäuser errichtet – einige davon stehen noch heute)
1886 das Rödingsmarktfleet, dessen Ufer nicht mit Speichern verbaut, sondern von Straßen gesäumt waren (nach der Zuschüttung entstand hier somit der damals vielleicht breiteste Straßenzug der Stadt)
1901 das Reststück des Reichenstraßenfleets bis zum Kattrepel und das Klingbergfleet zwischen Kattrepelsbrücke und Depenau.

Die letzte Blüte

Fast ein Drittel des Fleetsystems wurde bis zur Jahrhundertwende eleminiert. Doch gleichzeitig mit der Vernichtung unrentabler Fleete verbesserte man auch die Leistungsfähigkeit verbliebener Kanäle.

Hohen Anteil daran hatten Schleusen, die einen Großteil der Fleete bei Sturmflut abriegelten und die Kellerräume vor Überschwemmung schützten. Sie hielten die Fleete unabhängig vom Tidestand und halfen bei der Überbrückung des Gefälles von immerhin etwa 2,70 Meter zwischen Alster und Elbe. Der wichtigste Schleusenbau entstand 1846 zwischen dem Alsterfleet und der Kleinen Alster: Zum ersten Mal seit dem Bau des Oberdamms um 1245 bestand nun wieder die Möglichkeit des direkten Schiffsverkehrs zwischen Alster und Elbe.

In den 80er Jahren des 19. Jahrhunderts erlebten einige Fleete sogar eine Renaissance. Die Einigung der deutschen Teilstaaten und der Verzicht Hamburgs auf Eigenstaatlichkeit führte zur Aufgabe der weiträumig um die Stadt verlaufenden Zollgrenze.

Vom 15. Oktober 1888 an sollte der zollfreie Handel mit Importgütern allein auf ein abgeteiltes Freihafengebiet beschränkt bleiben. Nach Erwägung verschiedener Standorte entschied man

Der schlichte Wandrahmsteg verbindet heute den Teerhof mit dem Meßberg, dessen dominierende Architektur – links das Chilehaus, in der Mitte der Meßberghof – während der 20er Jahre entstand.

sich für das Gebiet der Brook- und Wandrahminsel. Kein leichter Entschluß: Immerhin wohnten in diesem Bereich etwa 17000 Menschen, deren Umsiedlung ein erhebliches Problem darstellte. Aber die Nähe zur Innenstadt und gute Verkehrsanbindungen sprachen für diese Variante.

Der Abbruch der ersten Häuser begann im November 1883 in der Gegend von St. Annen und endete im Frühjahr 1884 am Kehrwieder. Mit den Ausschachtungsarbeiten für die künftigen Speicher begann auch der Aushub für neue Fleete.

Modernen Anforderungen entsprechend wurden die neuen Wasserläufe wesentlich breiter als zuvor üblich und möglichst gerade angelegt. Schon 1885 fuhren Schuten auf dem verbesserten Kehrwieder- und Brooksfleet. Im selben Jahr folgte die Fertigstellung eines neuen Kleinen Fleets, dessen Verlauf dem seines 1860 zugeschütteten Vorgängers entsprach.

Die zwischen Binnenhafen und Meßberg verlaufende Wasserlinie von Doven- und Mührenfleet wurde erheblich vertieft, verbreitert und zum Zollkanal zusammengefaßt, der die Grenzlinie zwischen Innenstadt und Freihafen darstellt.

Wirtschaftlich erwies sich der neue Freihafen bald als Erfolg: Der Warenumschlag wuchs, die Kaufleute forderten weitere Speicherkapazität. Schon 1891 begann deshalb der Bau eines vier Jahre später fertiggestellten zweiten Abschnitts der Speicherstadt zwischen Kannengießerort und St. Annen.

Auch auf der Wandrahminsel strukturierte man ein neues Fleetsystem unter teilweiser Verwendung der alten Läufe. Damit hatte sich der wirtschaftliche Betrieb verlagert. Die alten Altstadt-Speicher verloren zunehmend an Bedeutung, mit ihnen die Fleete, an denen sie lagen. Das neue Rückgrat des Hafens war die Speicherstadt.

Fast genau ein Jahrhundert nach der Katastrophe von 1842 brannte Hamburg erneut. Die in der Nacht vom 24. auf den 25. Juli 1943 gestartete „Operation Gomorrha" vernichtete tausende von Menschenleben. Ganze Straßenzüge lagen in Schutt und Asche. Wieder fielen brennende Trümmer in die Fleetläufe, brachen Brücken, sanken Schuten.

Nach dem Ende des Zweiten Weltkriegs kam die große Zeit der Städteplaner, die flächendeckend, ähnlich wie schon nach 1842, Straßen, Plätze und Häuser zeitgemäß gestalteten. Für die

Die Wandrahmsbrücke in ihrer von 1907-10 erbauten Version mit dem markanten Turm. Hinter den Dampfschleppern ist die Einfahrt zum Klingbergfleet erkennbar, dahinter der Meßberg mit den Straßen Pumpen und Fischertwiete.

kleineren Fleete gab es in diesen Konzepten weder Bedarf noch Platz. Die autogerechte Stadt galt als erstrebenswertes Ideal.

Daher schüttete man zwischen 1945 und 1949 die Läufe von Brauer- und Gröningerstraßenfleet, Hopfensack-, Hüxter- und Klingbergfleet sowie Katharinen-, Deichstraßen- und Steckelhörnfleet zu. Trümmerreste als Füllmaterial waren reichlich vorhanden.

Heute gibt es nur noch 14 Fleete, sechs davon im Innenstadtbereich: Herrengraben- und Bleichenfleet, Neuer-Wall-Fleet und Alsterfleet, Nikolai- und Mönkedammfleet. Wobei vom Letztgenannten – einst Teil des Ursprungslaufs der Alster – wegen der Überbauung mit einem U-Bahn-Viadukt und einer Straße nicht mehr viel zu sehen ist. Alle anderen Fleete befinden sich im oder am Freihafen: Zollkanal, Kleines Fleet, Brooks-, Kehrwieder- und Holländisches Brookfleet, St. Annenfleet, Wandrahmsfleet und dessen Nachbarfleet zum Zollkanal.

Von Speichern und Schuten – Handel und Wandel an den Fleeten

Die Rückfronten der Deichstraßen-Häuser in einer historischen Ansicht, gesehen von der Hohen Brücke aus. Die mit einem Aufbau versehenen und mit Planen abgedeckten Schuten sind „Ligger", ständig als Lager- und Werkraum dienende Schuten. Nicht nur im Nikolaifleet versuchte man so, der Raumnot beizukommen. Die aktuelle Ansicht zeigt, daß alle Gebäude des historischen Ensembles die Jahre bis heute überdauert haben – bis auf das nun auch schon betagte Wohnhaus in der Bildmitte. Die im Fleet vor Anker liegenden Museumsschiffe passen hervorragend dazu.

Keine windschiefen Mauern mehr (vergl. rechte S.), aber die enge Verkehrsflucht ist geblieben. Bootfahren ist unmöglich, Autofahren verboten – die Katharinentwiete ist Fußgängerzone.

rechts: Das Mattentwieten- oder Katharinenfleet durchschnitt die Cremon-Insel. Ursprünglich als Entwässerungsgraben gedacht, bauten es die Anrainer in Eigeninitiative 1515 zum schiffbaren Fleet aus.

Die Kaufmannshäuser

Fleetgrundstücke galten bei den Hamburger Kaufleuten als begehrte Objekte. Diese Immobilien boten direkte Anbindung an die Lebensadern der Stadt. Das Festmachen der Wasserfahrzeuge unterhalb der Speicherbodenluken ersparte den zeitraubenden Warenumschlag über die Deichlinie oder die Straße und sparte somit Geld.

Um möglichst vielen Kaufleuten den Genuß dieser Vorteile zu ermöglichen, wurden die einzelnen Grundstücke sehr schmal bemessen. Zwei Beispiele verdeutlichen dies:

1. Beide Ufer des Katharinenstraßenfleets waren zusammen etwa 570 Meter lang. 88 Grundstücke grenzten daran, deren durchschnittliche Breite gerade einmal knapp 6,45 Meter maß.

2. Nur wenig günstiger lag die Situation am Deichstraßenfleet. 77 Grundstücke teilten sich die etwa 560 Meter lange Uferlinie, was einer durchschnittlichen Breite von ungefähr 7,25 Metern entsprach.

Beide Beispiele zeigen, daß zumindest die größeren Fahrzeuge oftmals die Breite der Speicher, an denen sie festmachten, nach beiden Seiten überragten.

Zumindest während des 14. und 15. Jahrhunderts bedeutete die knapp bemessene Grundstücksbreite wegen des noch geringen Warenumschlags keinen spürbaren Nachteil. Auch später sorgte die meist enorme Tiefe der Grundstücke zwischen Fleet und Straße für einen Ausgleich. Um den Platz optimal zu nutzen, baute man möglichst hoch. Dadurch entstand das für Alt-Hamburg so typische Erscheinungsbild der Fleete und Straßen, deren schmale, hochaufragende Bebauung noch die spitzen Giebel krönten.

An der Wasserseite der Speicher dominierte das Fachwerk, schlicht und funktional in der Ausführung. Daran änderte sich im Verlauf der Jahrhunder-

oben: Die Schuten überragten die Front der Speicher, denen sie Ware anlieferten, oft beträchtlich. Schon um andere Firmen nicht zu blockieren, mußten Ladevorgänge schnell abgewickelt werden.

rechts: Das Katharinenfleet, aufgenommen von der Reimerstwietenbrücke in Richtung Mattentwiete. Um die schmalen Grundstücke optimal zu nutzen, baute man die Speicher möglichst hoch. Die Enge des Fleets unterstreicht noch die optische Wirkung dieser Größe.

oben: Überreste der alten Fleetbebauung (vergl. linke S. oben): Die als „Sieben Schwestern" bekannten Fachwerkgebäude am Nikolaifleet, unweit der Hohen Brücke. Am dritten Haus von rechts ist noch die alte Winde zu erkennen.

links: Das Fleet ist verschwunden (vergl. linke Seite unten). Statt der historischen Speicher säumen moderne Bürohäuser den einstigen Verlauf.

*Alt-Hamburger Wohn- und Speicherhaus
Am Beispiel des Hauses Katharinenstraße 10*

Staakende Schutenführer im Admiralitätsstraßenfleet. Im Hintergrund ist die Slamatjenbrücke zu erkennen, rechts ein Teil des Neptunhauses, das nach der Sturmflut 1962 zugunsten der Anlage der Schaartor-Schleuse abgerissen wurde.

te kaum etwas. Die Architektur der Straßenfassade wies dagegen erhebliche Variationen auf.

Die Vorderfront als Entree zum Betrieb gestaltete man natürlich gern etwas gediegener. Im Wandel des Zeitgeschmacks löste der aus Ziegelsteinen gemauerte Treppengiebel das Fachwerk ab, später kamen Sandsteinverzierungen hinzu. Das Kaufmannshaus des 18. und 19. Jahrhunderts prägten säulenbestandene Portale mit prunkvoll geschnitzten Haustüren und reichgegliederten Putzfassaden.

Lagerung und Arbeit beanspruchten den weitaus größten Teil der Räumlichkeiten, aber die Kaufmannsspeicher beinhalteten auch einen Wohnbereich. Ihre Anlage bestand aus drei Abteilungen: dem Speicher am Fleet, einem schmalen Mitteltrakt mit Lichthof und dem zur Straße stehenden Wohntrakt.

Die Aufteilung der Räumlichkeiten eines Hamburger Kaufmannshauses erfolgte zumeist nach bewährtem Muster. Von der Straßenseite her bestand der erste Raum des Hauses aus einer geräumigen Diele mit umlaufender Empore, zu der eine Treppe mit reich verziertem Geländer führte. Den Geldmitteln des Hausherrn entsprechend krönte eine mehr oder weniger reiche Stuckdecke den Raum, zu deren Herstellung nicht selten eigens Handwerker aus Italien hinzugezogen wurden.

Neben Repräsentationszwecken diente die Diele auch kaufmännischen Funktionen. Auf einem Treppenabsatz befand sich eine gläserne Schreibstube, das sogenannte „Zibürken". Ähnlich einer Sänfte ließ es sich hin- und herziehen und ermöglichte durch diesen Standortwechsel dem im Inneren tätigen Schreiber einen steten Überblick über das Geschehen und den Warenverkehr. Denn das Geschäftsleben beherrschte sogar die Diele – in der Deckenmitte befand sich eine Öffnung zum Durchlaß von Ballen, Fässern und anderen Transportmitteln mittels eines über alle Stockwerke verlaufenden Taus.

Über der Diele befand sich zur Straße hin ein Wohnzimmer, ebenfalls zum Teil zu geschäftlichen Zwecken genutzt. Nicht selten waren die Kaufleute nebenher noch politisch tätig und hielten hier Besprechungen ab.

Der zweite Stock des straßenseitigen Wohntraktes enthielt neben dem Schlafzimmer einen Lagerboden. Der Mitteltrakt beherbergte im Erdgeschoß zumeist ein Warenlager. Darüber befanden sich, je nach Stellung des Hausherrn, entweder ein Prunkzimmer oder einige Räume für das Personal. Die Kinderzimmer nahmen den zweiten Stock ein.

Dicht gedrängt liegen die Schuten im Nikolaifleet, nur ein schmaler Durchlaß erlaubt fahrenden Kähnen das Durchkommen. Annähernd 6000 Schuten sorgten vor dem Ersten Weltkrieg für den Warenverkehr in den Fleeten. Auch auf dieser Aufnahme sind einige Ligger zu erkennen.

Ebbe im Nikolaifleet. Auch wenn sich hier die Schuten nicht mehr drängen – einige Barkassen liegen hier zumindest noch. Rechts sieht man die Rückfronten der Häuser am Cremon, in der Bildmitte die Holzbrücke.

Der Abschnitt des Nikolaifleets zwischen Holzbrücke (Standort des Fotografen) und Reimersbrücke (Bildmitte). Welch bedeutende Rolle die Ligger spielten, zeigt sich daran, daß sie in den breiteren Fleeten – so auch hier – fast an jedem Uferstreifen zu sehen waren.

Den eigentlichen Speicher am Fleet füllten Waren auf allen „Böden", wie man die einzelnen Stockwerke in ihm nannte.

Als während der ersten Hälfte des 19. Jahrhunderts Hamburgs Einwohnerzahl durch verstärkte Zuwanderung erheblich stieg, wurden Wohn- und Gewerberaum immer knapper. Der Wallring, einst beschützende Wehranlage, übernahm zunehmend mehr die Funktion eines Korsetts, daß die Stadt an der notwendigen Ausdehnung hinderte. An diesem Umstand scheiterte der Wunsch vieler Kaufleute nach geeignetem Grund und Boden zur Erweiterung ihrer Arbeits- und Produktionsstätten.

Ein Ausweg aus dieser schwierigen Situation bot sich immerhin denen an, deren Räumlichkeiten an eines der breiteren Fleete grenzten. Eine auf Dauer unterhalb des Speichers festgemachte, ausrangierte Schute wurde mit Holzaufbauten oder planenüberzogenem Gestänge versehen und diente als zusätzlicher Lagerraum oder auch als Werkstatt.

Die Anschaffung eines solchen „Liggers" entschärfte zwar kurzfristig manche Raumnot, verlagerte jedoch die überall in der Stadt spürbare drangvolle Enge auf die ohnehin schon stark befahrenen Fleete.

Erst nach Aufhebung der Torsperre zum 1. Januar 1861 wurden Produktionsstätten nach außerhalb des Wallrings verlegt. Die Errichtung der Speicherstadt entlastete die Situation rund um die Altstadtfleete vollends.

Die Schuten

Das Alstertief, der heutige Binnenhafen, galt als Hauptverkehrsplatz innerhalb des Fleetenetzes. Von dort ließen sich alle Fleete erreichen, hier lag der Umschlagplatz aller Waren, die per Schiff in die Stadt kamen oder sie auf diesem Weg verließen. Die Schuten, Ewer und andere Fahrzeugtypen lagen im Alstertief derart zahlreich aneinander, daß sie fast die gesamte Wasserfläche beanspruchten und nur schmale Fahrrinnen als Zufahrt in die Fleete offen blieben.

Die Konzeption der Schuten – schmal und ohne Mastaufbauten – orientierte sich an den Bedingungen der größtenteils engen und von vielen niedrigen Brückenschlägen gekreuzten Fleete. Ihre Anwendung reduzierte sich nicht allein auf den bloßen Warentransport. Ein zum „Ligger" gewordenes Fahrzeug diente als Außenstelle des Hafenbauamts. In diesen Diensträumen besaß der Schreiber sogar eine Schlafstelle, die er jedoch an Sonntagvormittagen zugunsten des Gottesdienstes der Binnenschiffer räumen mußte. Und auf mehreren nebeneinander vertäuten Schuten hielt man am Nikolaifleet die Getreidebörse ab. Anläßlich eines Di-

Als vertrauter Anblick ragt der St.-Katharinen-Kirchturm über der ansonsten restlos veränderten Uferbebauung des Fleets auf.

ners zu Ehren Kaiser Wilhelm I. im Jenisch-Palais an den Großen Bleichen spielten einige Schuten sogar eine Rolle auf höchster gesellschaftlicher Ebene: Sie bildeten das Podium, auf dem das Orchester des 76er Regiments die Rahmenmusik des festlichen Ereignisses intonierte.

In erster Linie natürlich waren Schuten die Arbeitsesel des Hafen-Warenumschlags. Mit steigendem Umschlagsaufkommen wuchs ihre Zahl von 1058 (Stand 1856) auf 5835 Stück (Stand 1913). Dabei ist nicht nur die enorme zahlenmäßige Steigerung innerhalb dieser Zeitspanne von Interesse, sondern auch die Wandlung des seit langem relativ unverändert gebliebenen Fahrzeugtyps zum modernen Transportmittel.

Bis in die 80er Jahre des 19. Jahrhunderts wurden Schuten ausschließlich aus Holz gefertigt, danach zunehmend aus Eisen gebaut. Die Verlängerung der Fahrzeuge von durchschnittlich 20 Metern auf noch heute übliche 27 Meter und eine Verbreiterung auf maximal acht Meter bei einem Tiefgang bis zu vier Metern setzte sich durch. Betrug die Traglast einer Schute 1870 noch etwa 50 Tonnen, wuchs ihre Kapazität vor dem Ersten Weltkrieg auf 250 Tonnen an und erreichte 1938 erstmalig die 300-Tonnen-Grenze. Von den 1933 gezählten 5982 Schuten waren nur noch 133 aus Holz gefertigt.

Ein Heer von Arbeitskräften hielt diese Flotte in Bewegung. 1913 registrierte man auf den Schuten 15786 ständige und 6879 zeitweise Beschäftigte sowie 1931 Gelegenheitsarbeiter.

Ewerführer sein hieß Schwerstarbeit leisten. Am Bug der Schute stehend, den Rücken zur Fahrtrichtung gekehrt, stieß der Ewerführer sein Arbeitsgerät – den „Peekhaken" – in den Fleetgrund, bis die daran angebrachte Eisenspitze festen Halt bot. Nun stemmte er sich das mit einem kurzen Querholz verse- hene obere Ende des Peekhakens unter die Achsel und drückte mit aller Kraft dagegen. Langsam und schwerfällig bewegte sich die Schute in die gewünschte Richtung, Schritt für Schritt unter seinen Füßen weggleitend. Derart am Ende der Schute angekommen, zog der Ewerführer den etwa fünf Meter langen Peekhaken aus dem Grund und begab sich erneut zum Bug.

Dieser Vorgang wiederholte sich solange, bis man entweder das Ziel erreichte oder eine Richtungsänderung notwendig wurde. Zur Kurskorrektur diente der am Peekhaken angebrachte Krummhaken. Ihn hakte der Ewerführer an Dalben, Mauerecken oder eigens zu diesem Zweck angebrachten Mauerringen ein und zog sein Fahrzeug in eine andere Richtung. Ließ sich mit dem Peekhaken kein Grund mehr erreichen, mußte man die Schute mittels eines am Heck angebrachten Paddels vorwärtsbringen. Schlingernde Paddel-

Markttag auf dem Hopfenmarkt vor der Nikolaikirche. Die Ewer der Vier- und Marschländer Gemüsebauern beanspruchen die ganze Breite des Nikolaifleets unterhalb der Holzbrücke. Trotz des geschäftigen Treibens: Für ein Foto stellt man sich noch gern in Positur.

schläge nach rechts und links setzten das Fahrzeug in Bewegung. Dieses „Wriggen" als Antrieb war allerdings recht aufreibend, und widrige Strömungsverhältnisse setzten dieser Art der Fortbewegung enge Grenzen. Der Umgang mit den schwerfälligen Fahrzeugen erforderte neben der körperlichen Anstrengung auch erhebliches Geschick, galt es doch, auf den engen Fleetläufen Kollisionen zu vermeiden. Im Winter erschwerten mitunter zusätzlich Eisschollen die Arbeit, die dumpf an die Bootsrümpfe stießen und so Geschwindigkeit und Manövrierfähigkeit der Schuten beeinträchtigten. Schloß sich die Eisdecke, versuchten die Besatzungen spezieller „Eiskähne" mit Äxten und Sägen die Fahrrinne freizuhalten. War endgültig kein Durchkommen mehr, lud man die Fracht auf Schlitten.

Neben den verschiedenen Untiefen der einzelnen Fleete mußte der Ewerführer die Tide einschätzen. Zeigte ihm erst das hörbare Schleifen des Unterbodens über den Schlick eine Grundberührung an, war ein Weiterkommen oft schon unmöglich, die Zwangspause bis zum Einsetzen der nächsten Flut unvermeidbar.

Aber auch ein zu hoher Pegelstand – etwa bei Sturmflut – legte die Schuten an die Trossen. Dann nämlich ließen sich viele Brücken nicht mehr durchfahren.

Nicht selten verbrachte ein Ewerführer auch die Nacht auf seinem Fahrzeug. Das war vor allem dann der Fall, wenn das geladene Gut wertvoll und ein Ausladen vor Einbruch der Dunkelheit unmöglich war.

Dann erfüllte der Schiffer auch noch die Aufgabe des Wächters. Dafür kam während der Sommermonate, wenn das Wetter es zuließ, oft die ganze Familie mit an Bord. In Anbetracht der zumeist beengten Wohnverhältnisse in lichtlosen Hinterhöfen konnte dies für alle Beteiligten als willkommene Abwechslung gelten.

Als „Spediteure" innerhalb des Hafens waren die Ewerführer für die Sicherheit der Ladung ebenso verantwortlich wie für termingerechte Anlieferung beim Abnehmer. Nässeempfindliche Güter schützten Planen aus geteertem Segeltuch, an deren Enden sich Holzrollen zum leichteren Ausspannen befanden. Bei den heute gebräuchlichen Kastenschuten bewahren, je nach Schiffsgröße, 130 bis 150 Abdeckbretter die Ladung vor Regen und Spritzwasser.

Um den Qualitätsverlust der oft empfindlichen Ladung gering zu halten, verlangte man von den Ewerführern eine Grundkenntnis der Warenkunde. So erforderte, um ein Beispiel zu nennen,

Eine Treppe gibt es noch unterhalb der Holzbrücke, per Boot anreisende Gemüsebauern allerdings nicht mehr. Dafür spannt sich ein neuer Brückenschlag über eine neuzeitliche Verkehrsader – die Deichstraßen-Fußgängerbrücke über die Ost-West-Straße.

der Transport von Fellen eine andere Methode des Verstauens als die Verschiffung von Gewürzen.

Die Beschränkung einzelner Kaufleute auf wenige Produkte innerhalb der breiten Palette von Handelsgütern bewirkte auch die Spezialisierung einiger Ewerführer, die dann regelmäßig von diesen Firmen zu Transporten herangezogen wurden.

Erreichte eine beladene Schute das Zielfleet, machte der Schiffer die Speicherleute seines Auftraggebers durch Rufe auf sich aufmerksam. „Hansen sien Lüd, Hansen sien Lüd!" scholl es beispielsweise über das Fleet, und es öffneten sich die Bodenluken in der Niederlassung des Kaufmanns Hansen. Mit dem Warnruf „Ünner rüt" warfen die Speicherleute dem Ewerführer ein dickes Tau von vier bis fünf Metern Länge zu, welches er doppelt gelegt um ein Faß oder einen Ballen schlang. Dann ließ man das Windenseil hinab, dessen Haken die Ösen des Transporttaus faßte. Auf ein Handzeichen des Schiffers hin zog die Speichermannschaft das Windenseil ein wenig an. Jetzt blieb dem Ewerführer die Möglichkeit, ein eventuelles Ungleichgewicht der Last noch zu korrigieren. Jedes Abrutschen der Last während des Hochhievens bot schließlich nicht nur die Gefahr des Verlustes der Ware, sondern auch konkrete Lebensgefahr für den Schiffer.

In Höhe der Bodenluke angekommen, wurde die Hieve in den Speicher gezogen und das Windenseil ein wenig zurückgefahren, so daß es genügend Freiraum ließ, um die Ware aufzusetzen. Mit der vollständigen Entladung der Schute endete der Transportauftrag des Ewerführers.

Seite 64/65: Ein Blick von der Reimersbrücke, in Richtung Südost. Hinter dem Gewimmel der Ewer, Schuten und Ligger ist die Einfahrt zum Steckelhörnfleet kaum auszumachen, das in der Häuserschlucht rechts unterhalb des St.-Katharinen-Turms verläuft. Im Gegensatz zum Blick nach Norden wirkt die Perspektive nach Südosten selbst heute noch recht malerisch. Was jetzt als vermeintliche Einfahrt zum Steckelhörnfleet gut sichtbar erscheint, ist allerdings eine Sackgasse – an der Katharinenbrücke ist die Fahrt per Boot vorbei, das Steckelhörnfleet existiert nicht mehr.

Feierabend für Quartiersleute: An den Luken der Speicherböden am Kehrwieder drängen sich festlich gestimmte Schaulustige anläßlich einer Freiluft-Opernaufführung im Rahmen des Hafengeburtstags. Die „Stagione d'Opera" präsentiert „Nabucco", das Meisterwerk der großen Chöre.

Verdis „Nabucco" als Schwanengesang für die Speicherstadt: Nach etwas mehr als 100 Jahren wird das Kehrwieder-Areal in Kürze erneut eine große Umgestaltung erleben. Zwischen Niederbaum und Brooksbrücke wird dann wieder auch gewohnt und nicht mehr ausschließlich gearbeitet.

Heute verstellt einfache Büroarchitektur den Blick auf die Kirche, die ohnehin seit dem Zweiten Weltkrieg nur noch eine Ruine ist.

„Fiene", „Grotsnuten" und „Lüd von de Eck"

Wenn ein beladenes Schiff im Hamburger Hafen ankam, wurden die Kaufleute, für die sich Ware an Bord befand, umgehend benachrichtigt. Der Kaufmann mußte nun einschätzen, ob sein Hauspersonal zur Bewältigung des erwarteten Warenumschlags ausreichte oder ob man Verstärkung benötigte. Zeitarbeitskräfte ließen sich zumeist in nächster Nachbarschaft der Speicher beschaffen. Die sogenannten „Lüd von de Eck" waren jedoch nicht, wie ihre Bezeichnung heute vermuten läßt, herumlungernde Beschäftigungslose, sondern straff organisierte Mannschaften innerhalb des Hafenbetriebs. Wenn der Kaufmann es sich leisten konnte, beschäftigte er einen festen Vorarbeiter, der auch als Vorgesetzter eventuell eingesetzter Aushilfsmannschaften fungierte. Dieser „Huusküper" war in der Regel ein gelernter Küfer oder Böttcher, also jemand, der Fäßer herstellen konnte.

Neben den Ballen galt das Faß als die Universalverpackung für alle möglichen Waren. Der Vorteil dieser Verpackungsart lag nicht zuletzt darin, daß sich Fäßer innerhalb eines Speicherbodens ohne große Anstrengung rollen ließen.

Fehlte ein hauseigener Vorarbeiter, holte sich der Kaufmann einige „Quartiersleute" in seinen Speicher. Diese hatten ihr Quartier (ihren Aufenthaltsraum) in der näheren Umgebung, ähnlich den „Lüd von de Eck", jedoch mit einem entscheidenden Unterschied: Während die „Lüd von de Eck" hauptsächlich für den reibungslosen Ablauf der Handarbeit auf den Böden zuständig waren, blieb es den Quartiersleuten vorbehalten, die angelieferten Waren nach Qualität und Verarbeitung zu klassifizieren.

Ihre speziellen Warenkenntnisse machten sie zu unentbehrlichen Helfern auf den Böden. Das Urteil der Quartiersleute bildete für den Kaufmann die Grundlage seiner Preiskalkulation, ihr Verhältnis zueinander setzte Vertrauen voraus. Der Status der Quartiersleute war eher der von Subunternehmern als von Angestellten.

Die Ursprünge des traditionellen Gewerbes der Quartiersleute lassen sich bis 1508 zurückverfolgen. Zu dieser Zeit bezeichneten sie sich noch als „Kompagnon-Packer", was darauf schließen läßt, daß sich schon damals mehrere Leute zu einer Art Quartier zusammenschlossen. Der erste belegbare Arbeitskontrakt mit der noch heute gültigen Berufsbezeichnung „Quartiersleute" stammt von 1693.

Meist schlossen sich vier Quartiersleute zu einer Vereinigung zusammen. Der jeweils älteste von ihnen gab dem so entstandenen Quartier seinen Namen, die anderen drei galten als Consorten. Den gemeinschaftlich erzielten

Der Weg über die Reimersbrücke nach Norden führte direkt auf die prächtige Fassade der St.-Nikolai-Kirche zu, die in der Flucht zwischen Kontorhäusern sofort den Blick fesselt.

Verdienst trug man zusammen und bestritt davon die Ausgaben für Quartiermiete, Berufskleidung und Handwerkszeug. Der Überschuß wurde als Einkommen aufgeteilt. Es gab zahlreiche Zusammenschlüsse von Quartiersleuten. Zeitweise existierten mehr als 80 Gruppen mit weit über 300 Mitgliedern. Jede dieser Vereinigungen hatte ihre Eigenart, die sich aus Charakter, Herkunft oder Glauben der Mitglieder herausbildete.

So entstanden für jede Gruppe sogenannte „Ökelnamen" (Spitznamen), bei deren Nennung jeder, den der Beruf mit den Speichern verband, sofort wußte, wen der Sprecher meinte. Grotfaß & Consorten waren „De Fienen", Schwarz & Consorten „De Grotsnuten" oder Voß & Consorten „De Möden".

Originell war auch die typische Berufskleidung der Quartiersleute, die aus einer mit Silberknöpfen bestückten schwarzen Jacke, einem Schurzfell und einem Zylinder bestand, der allerdings nur bei festlichen Anlässen zum Einsatz kam - bei der Arbeit auf den Böden diente eine aus Leinen gefertigte Mütze mit kurzem Schirm als Kopfschutz. Zur besseren Wahrnehmung ihrer Interessen gründeten die Quartiersleute 1886 einen „Verein Hamburgischer Quartiersleute".

Als zwei Jahre darauf Hamburg den Zollanschluß an das Deutsche Reich vollzog und der erste Teil der neuen Speicherstadt auf der Kehrwiederinsel den Betrieb aufnahm, erweiterten die Quartiersleute die Palette ihrer Dienstleistungen. Auf eigene Rechnung mieteten sie Speicherflächen an und stellten diese Kaufleuten für deren Waren zur Verfügung. Einzelne Unternehmen schafften sich eigens einen Fuhrpark an und lieferten die in ihrem Betrieb sortierten, gesäuberten und gemischten Waren direkt an die Kunden der Kaufleute aus.

Motorbarkassen erhöhten die Umschlaggeschwindigkeit und übernahmen bei langen Schutenzügen Schlepperfunktion. Die Erschließung des sich zum südlichen Elbufer hin ausdehnenden Hafens war auch nur mit Motorfahrzeugen möglich – über die tiefe Fahrrinne des Elbstroms konnte man keine Schuten mit dem Peekhaken staaken.

Diese neuen Tätigkeiten führten zu einigen Veränderungen seitens der Quartiersleute-Firmen. Einige dieser Betriebe gaben ihre traditionelle Arbeit ganz auf und mutierten zu reinen Speditionsunternehmen.

Mit der herkömmlichen Vierer-Struktur ließen sich die umfangreicheren Aufgaben nicht bewältigen, die Firmengrößen wuchsen. Trotz aller Umwälzungen der letzten Jahrzehnte bestehen noch heute Quartiersleute-Firmen, wenngleich ihre Zahl von etwa 90 Vereinigungen (1888) mittlerweile um die Hälfte geschrumpft ist.

oben: Moderne Fleetarchitektur bezieht sich oft auf Tradition – roter Backstein und davor Wasser, das geht eigentlich immer. Im Hintergrund führt die Pulverturmsbrücke über das Herrengrabenfleet.

rechts: Letzte Reminiszenz an Gestern: Die zwar neu installierte, aber im Design antik gestaltete Straßenlaterne vor der Chrom-Glas-Beton-Blech-Kulisse der Ost-West-Straße.

oben: Von der Schaarsteintorbrücke blickt man nordwärts in das Herrengrabenfleet. Die Turmspitze rechts gehört zum alten Waisenhaus an der Admiralitätsstraße (erbaut 1782/85). Nach dem Großen Brand von 1842 diente es 55 Jahre als Rathaus, bis 1897 der Neubau an der Kleinen Alster bezogen werden konnte. Die Hamburger Bürgerschaft tagte im Kirchensaal des einstigen Waisenhauses.

links: Eine Ansicht von der Zollenbrücke aus über die alte Alsterschleife im Nikolaifleet. Die Luken an den Speicherböden sind geschlossen. Es ist Ebbe, kein Grund zur Hast – Ware wird jetzt nicht geliefert.

Das Admiralitätsstraßenfleet an der Schaartorbrücke. Der langgestreckte Fachwerkbau am linken Ufer ist das einstige Gebäude der Admiralität. Es wurde 1705 errichtet und 1902 abgerissen. Das unmittelbar davor gelegene Haus mit dem Stufengiebel beherbergte Kapitänswitwen.

Die aktuelle Perspektive zwischen Schaartorbrücke und Slamatjenbrücke zeigt den kompletten Verlust der westlichen Uferbebauung.

An der Schleife des Nikolaifleets schlug das Herz des alten Hamburg. Am Kai der Trostbrücke befand sich die alte Börse, der Alte Krahn sowie das Deputationsgebäude der Kaufmannschaft.

Kommerz wird hier noch getrieben, wie an vielen anderen Orten auch. Dabei spielt allerdings weder das Nikolaifleet noch eines der anderen Fleete eine Rolle. Frachtewer liegen bestenfalls in Museumshäfen. Wird ein Wasserlauf oder ein am Wasser gelegenes Haus entrümpelt, begegnet man gelegentlich noch einer beladenen Schute. Immerhin nutzen noch Sportbootbesitzer die historischen Wasserstraßen.

Vom Leben an den Fleeten

Die 1845-46 erbaute Rathausschleuse ermöglichte erstmals seit dem Bau des späteren Jungfernstiegs um 1245 die ungehinderte Schiffahrt zwischen Alster und Elbe.

Szenerie im Alsterfleet, kurz vor dem Übergang zur Kleinen Alster. Die Häuserzeile rechts im Bild ist die Rückfront des Alten Walls. Im Hintergrund stehen die Häuser am Jungfernstieg bei der Wasserkunst, eines Schöpfwerks für Trinkwasser, das durch hölzerne Röhren in die Keller der per Mitgliedschaft angeschlossenen Hausgemeinschaften gepumpt wurde.

rechts: Schiffsbewegungen haben heutzutage auch auf dem Alsterfleet Seltenheitswert. Zumeist sind es Touristikfahrten der „Weißen Flotte", bei denen die Passagiere mit Muße die Reize der noch verbliebenen Hamburger Fleete entdecken können.

Schmale Vordeichflächen säumten die Ufer der ersten Hamburger Fleete. Hölzerne Landungsstege dienten sowohl den Fischern zum Trocknen ihrer Fänge als auch den Händlern als Stapelplatz für ihre Waren. Hinter den Schutzdeichen lagen geduckt Bauernkaten und kleine Speicher.

Selbst nach Gründung der ersten Neustadt um 1188 blieben die Fleetufer zunächst unbebaut. Erst ab 1290 erlaubten aus Südeuropa übernommene Baumethoden eine dauerhafte Bebauung der Wassergrundstücke. Bereits im Hamburger Stadtrecht von 1292 hieß es, „daß, wer sich eine steinerne Feste (Mauer) am Fleet bauen wolle, dessen Nachbar die Hälfte der Unkosten zu tragen hätte, zumindest aber bei deren Errichtung mit Hand anlegen müßte, sofern dieser noch nicht über diese neue Einrichtung verfüge".

Vor allem bei Kaufleuten waren die Wassergrundstücke aus den bereits genannten Vorteilen für den Warenumschlag äußerst begehrt. Der Grundstücksbesitz schloß das Eigentums- und Nutzungsrecht an den Vordeichflächen – entsprechend der Grundstücksbreite – ein. Doch mit zunehmender Uferbebauung wuchs das Problem derer, die hinter der Deichlinie ihre Wohn- und Gewerberäume hatten und jetzt den Zugang zum Wasser verloren. Um auch ihnen Transportgeschäfte und den Gang zum Wasserholen zu ermöglichen, schrieb man in Abständen die Anlage öffentlich nutzbarer Durchbrüche zu den Fleeten vor.

Nicht selten kam es zu Streitigkeiten um die Benutzung der schmalen, oft nur meterbreiten Fleetgänge. Doch neben dem praktischen Nutzen dienten die Gänge auch als Brennpunkte der Kommunikation. Hier traf man sich unweigerlich, entweder bei Geschäften, beim Wasserholen oder beim Wäsche waschen – denn an den Landungsstegen befanden sich auch die sogenannten „Waschbäume".

Kleinere Fleete standen unter der Obhut von Anliegergemeinschaften. Sie

Wohnen am Fleet bedeutete ständige Gefährdung von Leben und Besitz durch Hochwasser. Dieser Bedrohung begegnete man sicher nicht immer so vergnügt wie hier dargestellt. Auch nach Ablauf der Flut hatte das Übel noch kein Ende: Während kalter Jahreszeiten dauerte es oft wochenlang, bis die Wohnungen trockneten.

sorgten eigenverantwortlich für ausreichende Wassertiefe oder die Sicherheit der Kaiwände durch Ausführung notwendiger Reparaturen. Mitunter nutzte ein ganzer Berufsstand ein Fleet gemeinschaftlich. So ließen sich beispielsweise bereits wenige Jahre nach Gründung der ersten Neustadt zahlreiche Brauereien im Bereich des Rödingsmarktes am Überlaufkanal des Mühlenstaus nieder. Das Biergeschäft florierte offenbar prächtig: 1376 zählte man allein am Rödingsmarkt 125 Brauereien - überwiegend allerdings kleinste Familienbetriebe. Hamburg galt als „Brauhaus der Hanse". Man hatte einen Ruf zu verteidigen, und deshalb achtete man am Rödingsmarkt auf die Wirtschaftsgrundlage, das saubere Wasser. Direkte Uferbebauung wurde hier verboten. Als weitere Sicherung baute man ein Sperrtor vor das Fleet und öffnete es nur für Schuten, die nach Absprache Ware lieferten oder abholten. Leider sorgte auch diese Regelung für Ärger. Ewerführer, die trotz Verabredung das Tor verschlossen vorfanden, brachen es kurzerhand auf, leihweise überlassene Schlüssel wurden spät oder überhaupt nicht zurückgegeben. So beschlossen 1526 die Anlieger während einer dokumentierten Versammlung folgende Maßnahmen: *„Wer das Schütt vorsätzlich mit Gewalt aufbricht, der muß es mit 20 Mark büßen und wer den Schlüssel holt, soll ein Pfand geben. Einen Thaler oder einen silbernen Löffel. Wer den Schlüssel vor Nacht nicht wieder zur Stelle bringt, der soll es mit 8 Schilling büßen."*

Trotz Deichen und Flutschutztoren kam es regelmäßig zu Überschwemmung der Wohngebiete durch Hochwasser. Aus Fleetgängen und Brückenüberwegen lief das Wasser in die tiefliegenden Gebiete. Die südliche Altstadt um den Meßberg, Grimm- und Cremoninsel sowie Rödingsmarkt und Deichstraße waren besonders gefährdete Bereiche. Schnell liefen die Kellerräume und ebenerdigen Wohnungen voll Wasser. Die Fluten brachten den mit Abfällen und Fäkalien verschmutzten Schlick der Fleete mit, der sich überall absetzte. Wollhandkrabben, die millionenfach die Fleete bevölkerten, wurden in Stuben und Lagerräume gespült. Auf Straßen und Hausfluren fanden sich Fische, die nach einsetzender Ebbe den Anschluß ans abfließende Wasser nicht geschafft hatten.

Nasse Wände und klamme Wäsche trockneten im Hochsommer in wenigen Tagen. Anders lagen die Dinge, wenn das Hochwasser im Herbst oder Winter die Häuser heimsuchte. Krankheitsepidemien forderten vor allem in solchen Zeiten immer wieder zahlreiche Opfer.

Die hygienischen Zustände stellten im alten Hamburg besonders vor der Zeit des großen Brandes von 1842 ein erhebliches Problem dar. Die Anlieger benutz-

Am Umschlagplatz von Friedrich Kahl warten bereits vollbeladene Kohlenschuten. Die Partie des Admiralitätsstraßenfleets um die Heiligengeistbrücke herum wurde auch Küterfleet genannt – nach den Kütern (Schlachtern), die hier seit 1609 einen Schlachthof betrieben.

Am Fleet sind die Küter und Kohlenhändler ausgestorben, die Admiralität existiert hier seit langem nicht mehr – sie lebt nur noch im Namen des Fleets fort.

1668 wurde die Ellerntorsbrücke über dem Herrengrabenfleet als massiver Steinbau angelegt. Ab 1851 gab es unter ihr sogar eine Schleuse, die man jedoch nach der Inbetriebnahme der Michaelisschleuse 1885 wieder entfernte.

links: Die gleiche Ansicht der Brücken-Südseite. Mehrmals im Laufe der Jahrhunderte wurden Reparaturen notwendig: Erst 1992/93 bekam sie ihr ursprüngliches Aussehen zurück.

ten in der Regel die Fleete bedenkenlos als Mülldeponie und Abort, ungeachtet der Tatsache, daß sie ihr im eigenen Haushalt benötigtes Wasser aus eben denselben Kanälen schöpften. Denn Reinigungs- und Küchenwasser holte man sich mit der „Watertucht", einem am Seil befestigten Eimer, aus den Fleeten.

Um die Müllentsorgung zu bewältigen, legte man Abfallgruben an. Die Zahl der sogenannten „Hasenmoore" – eine volkstümliche Bezeichnung, die für das Jahr 1287 erstmals nachgewiesen ist – wuchs bis 1800 auf etwa 15 Stück an. Abfallgruben lagen neben St. Katharinen im Verlauf der Neuen Gröninger Straße, in der Gegend des jetzigen Rathausmarktes am Plan, bei den Vorsetzen, an der Theaterstraße und am Straßenzug Neue Burg.

Doch die Müllbeseitigung per Wurf aus dem Fenster war eben unschlagbar bequem und deshalb, obschon verboten, nie vollständig zu verhindern. Zu alledem kamen die Arbeitsabfälle der Knochenhauer, die am Ostufer der Kleinen Alster Schlachtungen vornahmen,

die Abwässer der Gerbereien aus den Werkstätten im Gerhof und der Müll vieler anderer Gewerbe, die entlang der Fleete ihren Sitz hatten.

Es wundert nicht, daß neben Fischen und Krabben vor allem Wasserratten die Fleete bevölkerten. Die Hamburger trugen diese Plage offenbar mit Fassung: Verbürgt ist der „Rattenzirkus", eine bei Niedrigwasser freiliegende schmale Landzunge am Zusammenfluß von Herrengraben- und Bleichenfleet unweit der Ellerntorbrücke. Hier tummelte sich stets ein unübersehbares Rattenvolk, zur großen Belustigung der sich regelmäßig einfindenden Zuschauer, die das wirre Treiben noch durch herabgeworfene Brotkrumen anheizten.

Dennoch – vor allem in den warmen Sommermonaten ging von den Fleeten ein faulig-modriger Gestank aus, der sich in den umliegenden Straßen ausbreitete und bei den Anwohnern Übelkeit hervorrief.

Selbst die Reinigungskraft von Ebbe und Flut reichte dann zur Verhinderung des Dilemmas nicht aus. Und als in den Sommern 1542, 1592, 1657 und 1839

Auf der neuen Herrengrabenbrücke führt die Trasse der Ludwig-Erhard-Straße quer durchs Bild. Die Michaelisbrücke wurde im Zuge der Bauarbeiten an der S-Bahnlinie nach Altona zunächst abgerissen. Der später erfolgte Neubau dient nur noch als Fußgängerbrücke.

Fleetenkieker, die Müllentsorger der Wasserläufe. Sicher träumte jeder von ihnen von dem ganz großen Fund, und manchmal – ganz selten – war vielleicht tatsächlich eine Kostbarkeit zu holen, ein Schmuckstück vielleicht oder eine Geldbörse.

jeweils an zwei aufeinanderfolgenden Tagen die Flut dreimal hintereinander ausblieb, stank die ganze Stadt zum Himmel.

Heinrich Heine beklagte diesen Zustand auf seine Art: *„Zu Hamburg frug ich: Warum so sehr die Straßen stinken täten, doch Juden wie Christen versicherten mir, das käme von den Fleeten".*

Um die Verhältnisse auf den Fleeten zu kontrollieren, gründete der Hamburger Rat 1548 eine „Düpekommission".

Diese bestand aus den zwei jeweils jüngsten Ratsmitgliedern, die in einem Ruderboot regelmäßig Fleete und Hafengewässer abfuhren und als „Düpe-Herren" die Wassertiefen kontrollierten. Doch darauf beschränkte sich ihre Aufgabe nicht. Sie überwachten, ob die Fleetanliegergemeinschaften ihrer Sorgfaltspflicht nachkamen, prüften die Unterseiten der zahlreichen Brücken auf Schäden und wachten über die Ladungen der Schuten und Ewer. Und natürlich sollten sie eingreifen, wenn aus Häusern oder Schiffen Abfall ins Wasser geschüttet wurde. Viel Arbeit für zwei Leute in einem Ruderboot – sicher nur unzureichend zu bewältigen.

Wesentlich effektiver für die Müllbeseitigung in den Wasserläufen waren die „Fleetenkieker", die als Lumpensammler die während der Ebbe trockengefallenen Kanäle absuchten. Ausgerüstet mit hohen Stiefeln und einem Leinenbeutel wateten sie durch den Schlick und stocherten mit dem Handstock nach noch verwertbaren Dingen.

Nicht alles, was aus den Häusern oder Booten in die Fleete gelangte, war Müll. Manch wertvoller Gegenstand fiel auch aus Versehen hinein. Bemerkte der Eigentümer den Verlust noch rechtzeitig, kam es nicht selten vor, das er einen Fleetenkieker engagierte, um diesen gegen das Versprechen einer Belohnung nach dem verlorenen Besitz suchen zu lassen.

Auf Brücken und an den vielen Landungsstegen ging immer einmal etwas verloren. „Dat is in'n Fleet fulln", lautete eine gebräuchliche Hamburger Redensart, die man nicht nur auf den Verlust irgendwelcher Gegenstände anwendete, sondern auch schlechthin auf im Leben verpaßte Chancen bezog. Noch im 20. Jahrhundert gingen Fleetenkieker in Hamburg regelmäßig ihrer Tätigkeit nach.

Mit ihrem Ruf allerdings stand es nicht zum Besten, wie sich einer Meldung des „Hamburger Echos" um 1910 entnehmen läßt: „An den Holzgeländern und Hausecken drücken sich die Fleetenkieker umher, die rotbraunen Gesichter aufgedunsen von Luft und

Von der Pulverturmsbrücke reicht die Sicht durch das Herrengrabenfleet ungehindert zur Michaelisbrücke, die mit einer Schleuse versehen war.

Schnaps. Sie lauern darauf, für ein karges Entgelt eine leichte Arbeit zu finden, um das Verdiente dann rasch wieder umzusetzen in das viel zu geliebte Getränk."

Die Spezies der Fleetenkieker gehört der Vergangenheit an. Die Fleete, die von ihren einstigen „Jagdgründen" verblieben sind, dienen nur noch in Ausnahmefällen als gewerbliche Wasserstraßen.

Die harte Arbeit an den Ufern spielt sich nicht mehr auf staubigen Speicherböden, sondern in gestylten Büros vor Computer-Bildschirmen ab. Verglaste Einkaufspassagen locken lichterglänzend zum Verweilen. Restaurants und Bistros stellen ihre Tische neben Bleichenfleet und Kleiner Alster auf. Im Nikolaifleet liegen Sportboote.

Im wahrsten Sinne des Wortes verschüttet ist die Vergangenheit, die der Dichter Walter Rothenburg beschreibt:

„Dat rückt no Solt un Peper,
no Kaffee un no Tee,
no Muskot un no Teertau,
hier rückt dat all no See.
Hier stoht de olen Hüser
all bannig scheef un krum,
hier danzt bi dreuge Fleeten
de Müüs un Ratten rum.

Von Luken in de Schuten
gehn Rollies rin un rut,
hier steiht dem Ewerführer
no saftig platt de Snut.

Hier lopt de Flot dat Water
veel hunnert Joahr all rin,
hier feul ick dat so richtig,
dat ick in Hamborg bin."

Register

A

Adalbert, Erzbischof 8
Admiralitätsstraße 24, 25, 73
Admiralitätsstraßenfleet 25, 57, 74, 81
Adolf I., Schauenburger Graf 11
Afrika-Haus, Woermannsches 40
Alster 46
Alsterfleet 5, 25, 49, 78
Alsterhafen 20
Alter Fischmarkt 7
Alter Wall1 25, 78
Alter Wandrahm 9
Altstadt 22, 80
Arps-Hotel 31
Außenalster 20

B

Bäckerstraßenfleet 44
Ballinhaus 35
Barbarossa, Friedrich; Kaiser 12
Baumwall 5, 23, 24, 39
Bille 20
Binnenalster 20
Binnenhafen 5, 24, 26, 60
Bleichenfleet 25, 36, 37, 49
Bleichengraben 36
Brand von 1842 43, 73
Brandstwiete 40
Brandstwietenbrücke 12
Brauereien 80
Brauerstraßenfleet 8, 12, 21, 49
Brodschrangen 8
Brook- und Wandrahmviertel 25
Brookgraben 32
Brookinsel 25, 48
Brooksfleet 48, 49

C

Chilehaus 20, 35, 48
Cremon 58
Cremon-Fußgängerbrücke 63
Cremon-Insel 21, 52, 80

D

Deichstraße 80
Deichstraßen-Häuser 51
Deichstraßenfleet 20, 44, 49, 52
Deichtor 25
Domplatz 6
Domstraße 6, 40
Dovenfleet 9, 10, 11, 21, 36, 42, 48
Düpekommission 84
Düsternstraße 36

E

Elbe 46
Elbhof 23, 24
Ewerführer, Arbeitsablauf 61

F

Fischertwiete 49
Fleetenkieker 84
Freihafen 9, 44, 46, 48
Friedrich I., Kaiser 6
Fuhlentwiete 36, 38

G

Gerberstraßenfleet 21, 44
Gerhof 83
Gerson, Hans u. Oskar 35
Getreidebörse am Nikolaifleet 61
Graskeller 16
Grimminsel 11, 80
Gröningerstraßenfleet 40, 49
Große Johannisstraße 6, 8, 16
Große Reichenstraße 6, 40
Großer Burstah 6

H

Hafen 6
Hafengeburtstag 6, 66
Hammaburg 6, 8
Heiligengeistbrücke 81
Heine, Heinrich 84

Herrendamm 20
Herrengraben 5, 25, 36, 37
Herrengrabenbrücke 84
Herrengrabenfleet 36, 37, 49, 73, 83, 85
Höger, Fritz 20
Hohe Brücke 22, 28, 29
Holländische Reihe 44
Holländischer Brook 44
Holländisches Brookfleet 25, 44, 49
Holzbrücke 58, 63
Hopfenmarkt am Nikolaifleet 62
Hopfensackfleet 8, 49
Hüxterfleet 49
Hygiene 80

J

Jungfernbrücke 30
Jungfernstieg 77, 78

K

Katharinenbrücke 16, 63
Katharinenfleet 49, 52, 54
Katharinenstraße 56
Katharinenstraßenfleet 21, 23, 25, 52
Katharinentwiete 52
Kattrepel 6
Kaufmannshaus 57
Kehrwieder 66
Kehrwiederfleet 32, 44, 48, 49
Kehrwiederinsel 71
Kehrwiederspitze 5
Kibbeltwiete 25
Kleine Alster 44
Kleines Fleet 25, 32, 48, 49
Klingbergfleet 15, 21, 46, 49
Klosterfleet 21
Kornhausbrücke 9, 42
Küterfleet 81

L

Lembkentwietenfleet 10, 11, 44
Levante-Haus 42, 43
Ludwig der Fromme 8

M

Maria-Magdalenen-Kloster 21
Mattentwietenfleet 23, 52
Meßberg 22, 35, 49, 80
Meßberghof 35, 48
Michaelisschleuse 83
Mönkedammfleet 21, 49
Mühlenbrücke 6
Mühlensee 25
Mührenfleet 21, 30, 32, 36, 48

N

Neptunhaus 57
Neuer Wall 25
Neuer-Wall-Fleet 49
Neustadt 16, 22, 36, 80
Niederbaum 25
Niederbaumbrücke 39
Niederhafen 42
Nikolaifleet 22, 29, 49, 51, 55, 58, 60, 61, 62

O

Oberbaum 25
Oberbaumbrücke 25
Oberhafenkanal 21
Ost-West-Straße 8, 11, 40, 63, 84

P

Pelzerstraße 8
Pferdeborn 38
Poggenmühle 21, 25
Poggenmühlenfleet 46
Pulverturmsbrücke 72, 85
Pumpen 49

Q

Quartiersleute 70

R

Rathaus 22, 73
Rathausschleuse 77
Rathausstraße 6, 16
Ratten 83
Reesendamm 20

Reichenstraßenbrücke   8
Reichenstraßenfleet   7, 21, 46
Reichenstraßeninsel   8
Reimersbrücke   63, 71
Rödingsmarkt   28, 80
Rödingsmarktfleet   20, 46
Rothenburg, Walter   85

S

Sandtorhöft   5
Schaarmarkt   23
Schaarsteintorbrücke   73
Schaartor-Schleuse   57
Schaartorbrücke   23, 26, 74
Schleusen   46
Schuten, die   60
Slamatjenbrücke   57
Sloman, Robert M.   23
Sloman-Gebäude   23
Sloman-Reederei   24, 39
Speersort   6
Speicher   48, 52, 60, 66
Speicherhaus, Grundriß   10   56
Speicherstadt   32, 44, 48, 60, 68
St. Annenfleet   49
St. Georg   23
St. Katharinen   31
St. Katharinen-Kirche   32
St. Michaelis   9, 36
St. Nikolai   9, 31
St.-Jakobi-Kirche   35
St.-Katharinen-Kirche   9
St.-Nikolai-Kirche   71
Stadtgraben   36
Stadthausbrücke   36
Steckelhörnfleet   10, 11, 16, 49
Steinhöft   5, 23, 24, 25, 28
Steinstraße   6

T

Teerhof   35, 46
Trostbrücke   16, 22

V

Verdis „Nabucco", Aufführung i. d. Speicherstadt   68
Vorsetzen   23, 42

W

Waisenhaus   73
Wandrahminsel   25, 48
Wandrahmsbrücke   31, 35, 49
Wandrahmsfleet   32, 49
Wandrahmsteg   31, 48
Wasserkunst   78
Winserbrücke   20

Z

Zollenbrücke   40
Zollkanal   5, 21, 29, 30, 42, 48, 49

Quellen- und Literaturverzeichnis

Hamburg und seine Bauten; Hamburg 1890

Hipp, Hermann: Freie und Hansestadt Hamburg; Köln 1989

Jochmann, Werner: Hamburg, Geschichte der Stadt und ihrer Bewohner, Band 2; Hamburg 1986

Kleßmann, Eckhard: Geschichte der Stadt Hamburg; Hamburg 1981

Loose, Hans-Dieter: Hamburg, Geschichte der Stadt und ihrer Bewohner, Band 1; Hamburg 1982

Melhop, Wilhelm: Die Alster; Hamburg 1932

Melhop, Wilhelm: Topographie der Freien und Hansestadt Hamburg von 1895-1924; Hamburg 1925

Melhop, Wilhelm: Topographie von 1880-1895; Hamburg, 1895

Neddermeyer: Historische Topographie, 1882; Hamburg 1932

Oppens, Edith: Hamburg; München 1981

Städtische Jahrbücher 1895-1910
Herausgeber: Städtisches Büro der Steuer-Deputation; Hamburg

Studt/Olsen: Hamburg, die Gschichte einer Stadt; Hambrug 1951

Wendt, I.C.W./Kappelhoff, C.E.L.: Hamburgs Vergangenheit und Gegenwart; Hamburg 1896

Bildnachweis

Aktuelle Aufnahmen:
Katharina Marut-Schöter S. 66/67, 68/69
alle übrigen Horst Krug

Luftbilder:
Hanseatische Luftfoto S. 4/5

Historische Aufnahmen:
Sammlung Horst Krug

Heymann und Saucke, zwei wohlvertraute und renommierte Buchhandlungen, finden Sie jetzt unter einer guten Adresse im Herzen Hamburgs, am Großen Burstah 50. Das neue Ladengeschäft im hellen, freundlichen und modernen Ambiente lädt zum Stöbern ein. Hier können Bücher direkt erlebt werden. Ein gemütliches Päuschen mit Blick aufs Fleet in unserem Schmöker-Eck, und Sie wissen mehr von Ihrem Bestseller. Ob Geisteswissenschaften, Anthroposophie, Literatur, Wirtschaft, Sprachen oder Computerliteratur – zwei Etagen bieten Ihnen reichhaltige Auswahl.

Sollte Ihr Autor nicht dabei sein, sorgt ein moderner, EDV-gestützter Auskunft- und Bestellservice dafür, daß Ihr Buchtitel meist innerhalb von 24 Stunden besorgt werden kann. Literaturlisten drucken wir für Sie sofort aus. Darüberhinaus sind etwa 150.000 Titel in englischer Sprache innerhalb von 14 Tagen lieferbar.

Treffpunkt ● Bücher
HEYMANN

HAUPTGESCHÄFT EPPENDORF:
Eppendorfer Baum 27
20249 Hamburg
Telefon (040) 47 00 25
UND FILIALEN:

WINTERHUDE:
Hudtwalckerstraße 35
Telefon (040) 47 87 66
WANDSBEK:
Wandsbeker Marktstr. 20
Telefon (040) 68 13 56

SCHENEFELD:
Stadtzentrum Schenefeld
Telefon (040) 8 39 16 87
BRAMFELD:
Bramfelder Chaussee 282
Telefon (040) 6 41 43 42

HEYMANN + SAUCKE
INNENSTADT: Großer Burstah 50
Telefon (040) 36 70 69
BLANKENESE: KÖTZ
Blankeneser Bahnhofstraße 60
Telefon (040) 86 42 68

Hamburg schenken

M{V}S
Medien-Verlag Schubert, Hamburg

Stadtteile im Wandel:

Duvenstedt, Lemsahl-Mellingstedt, Wohldorf-Ohlstedt, Volksdorf, Bergstedt, Poppenbüttel, Wellingsbüttel, Hummelsbüttel, Langenhorn, Bramfeld, Farmsen-Berne, Wandsbek, Eilbek, Bergedorf, Barmbek, Winterhude, Harvestehude, Rotherbaum, Hoheluft, Eimsbüttel, Lokstedt, Stellingen, St. Pauli, Altona, Ottensen, Othmarschen, Bahrenfeld, Övelgönne, Nienstedten, Blankenese, Rissen, Sülldorf, Harburg, Veddel, Rothenburgsort, Hamburgs Fleete, und: Ahrensburg, Flensburg, Glücksburg, das Alte Land, Buxtehude, Stade...

DM 29,80 bis 45,-

Ein großformatiger Kunstbildband: 160 farbige Seiten beschreiben und zeigen die kulturhistorisch bedeutsamsten Kirchen Hamburgs. DM 98,-

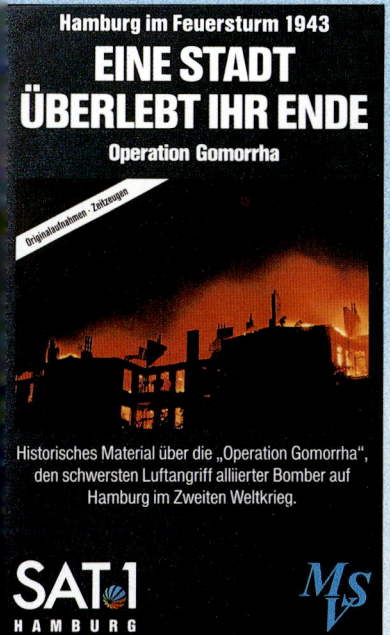

Der Feuersturm: Authentische Filmdokumente über die „Operation Gomorrha", den schwersten Luftangriff alliierter Bomber auf Hamburg. Video, 40 Min., DM 29,95

Hamburg im erschütternsten Abschnitt seiner Geschichte: in der NS-Zeit. Spektakuläres, farbiges Bildmaterial aus der Landesbildstelle. 160 Seiten. DM 49,80